입체적 한중 대중문화

입체적 한중 대중문화

초판 인쇄   2018년 2월 2일
초판 발행   2018년 2월 6일

지 은 이   이현민
펴 낸 이   김재광
펴 낸 곳   솔과학
등   록   제10-140호 1997년 2월 22일
주   소   서울특별시 마포구 독막로 295번지 302호(염리동 삼부골든타워)
전   화   02-714-8655
팩   스   02-711-4656
E-mail   solkwahak@hanmail.net

I S B N   979-11-87124-31-3 (93300)

입체적 한중 대중문화

솔과학

오늘날 많은 사람들은 대중문화를 이야기한다. 인터넷문화, 미디어문화, SNS 문화 등 문화에 대한 다양한 담론들이 끊임없이 쏟아진다. 쉽게 이야기 하고, 즐기는 대중문화이지만 정작 대중문화를 무엇으로 정의할 수 있냐고 묻는다면, 명확하게 대답할 수 있는 이는 많지 않다.

대중문화란 무엇일까? 대중문화란 과거 소수 특권층이 누리던 '그들만의' 문화를 벗어나 사회나 계층의 경계 없이 누구나 쉽게 접하고 즐길 수 있는 문화를 말한다. 특히 회화, 조각, 클래식 음악, 연극 등 특정 장소와 향유의 제약을 받던 고급문화에서 벗어나 누구나 손쉽게 접할 수 있는 문화산물을 제공하면서 대중문화의 범위는 더욱 확대되었다. 현대사회에서 미디어의 역할이 증가할수록 대중문화는 우리 삶의 깊숙한 곳까지 파고들었고, 이제 문화없는 인간은 생물학적인 삶은 유지할 수 있어도 사회적인 삶은 영위할 수 없게 되었다.

사람들은 대중문화를 통해 공동체에 속한 구성원들과 많은 것들을 교감할 수 있다. 하지만 가끔 이 교감이 세상을 이미 집어삼킨 미디어에 의해 지배받고 있는 것은 아닌지 의문이 들 때가 있다. 사람들의 정신과 생각이 미디어와 인터넷 포털이 만들어낸 대중문화의 지배를 받고 있는 것 같다.

인터넷 포털 사이트는 매분 매초마다 다양한 기사들로 넘쳐난다. 실시간 검색어는 끊임없이 순위 다툼을 벌이고, 사람들은 뉴스에 대한 관심을 댓글로 화답하며 각자의 의견을 개진한다. 하지만 소통이라는 이름의 미디어 문화는 현재 많은 문제를 낳고 있다. 올바른 인문학적 사유 없이 바라보는 대중문화 현상은 의미 없는 말장난처럼 보이기도 한다.

불특정 다수가 쉽고 빠르게 공유하는 미디어 콘텐츠는 대중문화의 핵심을 관통하며 하나의 트렌드로 성장하고 있다. 하지만 대중문화에 숨겨진 욕망과 심리를 파악해내는 일이 인문학적 성찰을 통해 이루어져야 한다는 것은 간과되고 있다. 그저 트렌드를 쫓기 위해 미디어를 찾고, 또 미디어를 통해 편중된 시각만이 자리할 뿐이다.

그러한 의미에서 다양한 키워드를 통해 대중문화 현상을 인문학적으로 성찰하고, 이를 통해 일상생활을 관통하는 트렌드를 살피는 것은 매우 의미있는 작업이다. 특히 필자는 오랜 기간 한중 양국의 미디어 콘텐츠를 분석하는 연구를 이어왔고, 이를 통해 한중 양국의 대중문화 현상을 살펴보는 일에 흥미를 가져왔다. 한중 미디어 교류가 그 어떤 때보다 활발한 지금, 이에 대한 성찰을 통해 현 상황을 관망하고 트렌드를 파악하여 지속가능한 한중 대중문화 교류를 준비하는 것은 매우 시급하다.

『입체적 한중 대중문화』는 2014년부터 현재까지 한중 양국의 대중문화를 강타한 키워드를 중심으로 다양한 현상을 심도있고 흥미롭게 다루었다. 대중문화에 대한 비판적 담론이 인상비평에 그치는 것이 아니라 다양한 인문학적 연구 방법론을 바탕으로 기술되었다. 또 한중 대중문화를 현상으로만 바라보는 것이 아니라, 지속 가능한 교류를 위한 이론과 실제를 중심으로 기술하였다. 따라서 『입체적 한중 대중문화』를 읽는 모든 독자가 미디어의 노예가 아닌, 건강한 대중문화를 함께 만들어가는 한 명의 비평가로서 이 책을 접하고 즐기기를 고대한다.

마지막으로 긴 시간 동안 필자를 위해 물심양면 도움을 준 가족 모두에게 감사드리고, 특히 이 책을 출간하는데 힘써준 남편에게 사랑의 마음을 전한다.

2018. 1 눈 오는 겨울

이 현 민

제5장 · 한중 문화콘텐츠로 보는 대중문화

제1장

이슈로 보는
대중문화

추억 소환의 묘미,
복고

◆

음악과 향기는 과거 그때의 감성으로 돌아가게 하는 가장 강력한 촉매제이다. 누구나 그때 그 음악, 그때 그 향기만으로 순식간에 추억의 감상에 빠져든다. 순수했던 학창시절을 지나 사회생활의 스트레스에 시달리는 사람들에게 추억은 새로운 즐거움이다. 그들에게도 걱정 없던 어린 시절이 있었고, 그 어린 시절을 빛나게 해주던 음악은 지금까지 마음속 향수로 남아 있을 것이다. 국내 대중문화시장은 이러한 대중의 기호에 발맞추어 '추억여행'을 하나의 콘셉트로 내세우고 있다. 특정 세대를 막론하고 '추억'을 회상하는 일은 애틋함이자 즐거움으로 다가오는 지금, 그때 그 감성을 자극하는 대중문화현상이 주를 이루고 있다.

2014년 연말 MBC 〈무한도전〉의 '토요일은 토요일은 가수다'(이하 토토가)는 전국을 90's 열풍으로 물들였다. 전국적으로 '쎄시봉' 열풍을 일으켰던 포크송 소재로 영화까지 만들어져 중년들의 60-70년대 향수를 자극하였다. '토토가'는 그야말로 대한민국을 강타했다. 장장 5회에 걸쳐 방송된

무한도전의 '토토가' 특집은 마지막 방송일에 순간 시청률이 36%대를 찍으며 정점에 달했다. 무대에서는 보기 힘든 추억의 가수뿐만 아니라 현재에도 활발히 활동중인 가수들의 활동이 대중들을 뒤흔들었다. 〈무한도전〉은 '토토가' 특집에서 단순히 음악이라는 90년대만을 소환하지 않았다. 음악과 댄스, 퍼포먼스의 완벽 재현뿐만 아니라 그 시절의 패션을 그대로 가져왔고, 당시 유행했던 TV프로그램과 카메라워크, 자막의 폰트 하나까지 신경 썼다. 하지만 무엇보다도 90년대 감성을 공유할 수 있는 시청자들과의 소통에 가장 큰 방점을 두었다. 시청자들에게 2-3주간의 섭외과정을 보여주며 기대감을 한층 끌어올렸고, 시청자들이 그 시절을 차곡차곡 추억해 볼 수 있도록 시간을 주었다. 섭외기간동안 각자 추억을 공유하며 대한민국은 기대와 흥분으로 들떠있었고, 직접 마주한 토토가 무대는 그 흥분을 열풍으로 뒤바꾸어 놓았다.

이처럼 추억 소환의 묘미는 몇 년간 선보인 '응답하라 시리즈'에서 시작되었다. '응답하라 1997'과 '응답하라 1994'에서 보여준 완벽한 90년대 디테일은 케드(케이블드라마) 열풍을 몰고 왔고, 더불어 '밤과 음악사이' 클럽의 인기로도 이어졌다. 또한 90년대 해체하거나 각자 활동하던 가수들의 귀환으로 이제는 아이 엄마가 된 소녀들을 열광케 했다. 가수 신화와 god의 컴백은 음원 순위점령 및 콘서트 대성공이라는 큰 수확을 이루어냈고, 젝스키스의 재결합은 또 한 번 추억의 파워를 실감하게 했다.

예능 프로그램이 이끌고, 음악이 도화선이 된 90년대 추억 열풍이 젊은 층을 사로잡았다면, 60-70년대 학창시절을 보낸 어머니 세대들의 향수 역시 끊임없이 자극되고 있다. '쎄시봉'은 현재에도 활동 중인 실존 인물들의 이야기를 그렸지만, 그 이야기성보다 '그때 그 시절의 노래'에 대중들은 열광하였다. 그만큼 음악과 추억의 상관관계에 다시 한 번 힘을 실어주며 추억 여행은 계속해서 이어지고 있다.

'과거'라는 단어보다 '추억'이라는 이름은 왠지 더 행복하다. 아름다운 과거를 '추억'하며 또 한 번 웃고, 현재의 스트레스를 잠시나마 잊을 수 있기 때문이다. 구매력을 가진, 문화에 익숙한 20-30대들과 이제는 40년 전 그리움이 된 부모님 세대들의 추억여행은 한동안 지속될 것 같다. 이제는 용돈을 모아 몰래 테이프나 CD를 사던 시절을 지나 연륜이라는 세월의 징표를 천천히 쌓아가고 있는 대중들에게 추억은 아름답다. 그래서 대중문화 속 '추억여행'의 진화가 계속해서 이어지고 있다.

복고문화의 인기,
대중을 향한 위로의 메시지

고급문화와 대중문화의 경계는 사회적인 현상이 빚어낸 보편적인 결과물이다. 사람들은 실제의 삶에서 자신의 사회적 위치를 정당화하는 수단으로 문화를 고급과 저급으로 분리한다. 고급문화를 소비하는 것은 사회적 계층의 분리와 사회적 위치의 공고화를 위한 수단이자, 대중문화와의 격차를 벌리기 위한 일종의 의식처럼 간주된다. 하지만 두 계층 혹은 두 문화를 분리하는 것은 사실상 불가능하다. 고급문화의 향유 계층도 실제 삶에서는 대중문화의 소비를 피할 수 없기 때문이다.

계층의 분리는 소외된 욕망에 대한 개성의 목소리를 유발한다. 현대 산업사회에서 대중은 전통적인 계급의 억눌림이나 틀에서 벗어나 자신들만의 영역을 새로이 만들어내고 있다. 대중문화라는 이름의 동질화된 문화 덩어리는 끊임없이 변화하고 있다. 대상을 실제로 소비하는 대중의 물리적 욕구뿐만 아니라 문화적 욕구까지 더해져 남과는 다른 자기 것, 구별 짓기, 차별성 등으로 자신만의 개성을 분출한다. 이는 대중문화 속 B급 문화라는 새로운 영역의 하위문화를 발전시키기에 이르렀다.

솔직함을 무기로 한 B급 문화는 대중들 안에 감춰진 욕구와 호기심을 강하게 자극하여 카타르시스를 일으킨다. 이러한 문화적 양상은 고급문화라고 생각되었던 순수예술문학, 음악, 미술 및 패션과 문화 전반에 영향을 미쳐, 즉각적이고 즉물적으로 인간의 욕망을 달래주는 역할을 하고 있다.

따라서 B급 코드는 새로운 문화트렌드로 급부상하며 대중문화를 강타하고 있다. 그 중에서도 복고문화는 촌스러움을 가장한 추억의 요소들로 중무장하여 대중들의 향수를 불러일으키고 있다. 그때 그 시절의 모습을 비교적 상세히 고증한 문화콘텐츠는 대중들이 과거로 추억 여행할 수 있도록 매개체적 역할을 한다. 복고열풍은 끊임없이 매무새를 다듬어 대중들의 욕망을 자극하고 있다. 좀더 '그럴듯해' 보이려는 A급 문화에 염증을 느끼고 현실에서 벗어나고 싶은 사람들의 틈새를 파고들고 있다. 또 지친 어른아이들을 위한 위로, 나이도 먹고, 어른으로 성장했지만 여전히 사회에서 부딪히고 성장해가는 어른들을 위한 동화 같은 이야기가 대중들의 관심을 끌고 있다. 그 속에서 발생하는 공감대는 이 모든 요소들을 연결시키는 핵심이 되는 것이다.

대중들이 원하는 향수는 복고라는 트렌드로 소비된다. 복고는 인간의 보편적인 정서를 꿰뚫는 트렌드이자 불안감을 해소하고자 하는 욕구를 대변한다. 그 예로 70년대-90년대 문화를 되돌아보는 영화와 드라마, 2000년대 이전의 대중가요의 리메이크 열풍이 복고를 향한 대중적 인기로 이어지고 있다. 대한민국을 강타한 88년도 "응팔"열풍이나 아시아 전역에 선풍적인 인기를 모은 영화 〈나의 소녀시대〉의 국내 인기, 또 전인권의 곡 〈걱정말

아요 그대〉가 이적의 목소리로 리메이크되며 큰 반향을 일으킨 것까지 새로운 문화의 형성은 많은 것을 의미한다.

혹자는 불황과 추억은 늘 붙어다니면서 감성팔이를 조장한다고 말한다. 하지만 힘든 현실을 회피하기 위해 과거를 회상하는 것만은 아니다. 즐거운 추억을 통해 위로받고 싶은 욕구가 대중적 호응을 얻으며 하나의 문화메커니화되고 있는 것이다. 복고문화의 형성은 다양화된 문화의 새로운 축으로 이해하는 것이 맞다. 막연히 과거를 쫓는 복고가 아니라 현재와의 공존을 통해 새로운 의미를 찾고 그 속에서 대중들은 위로받고 행복을 찾아나가고 있다.

대중 예술의 표현과
예술가의 책임 의식

◆

　대중문화도 하나의 예술 영역으로 평가되면서, 범접할 수 없는 영역쯤으로 여겨지던 예술은 이제 대중 속으로 들어왔다. 예술이 가져다주는 현존성과 유일무이성은 이미 사라졌고, 사실상 누구나 원한다면 예술의 공급자, 수용자가 될 수 있는 세상이 되었다. 발터벤야민은 본인의 저서 〈문예이론〉에서 이러한 현상을 "아무리 가까이 있어도 어떤 먼 것의 일회적 나타남", 다시 말해 예술 아우라가 붕괴되고 있다고 말하였다. 예술이 가지고 있던 제의적, 종교적 가치가 무의미해졌으니 일시성과 반복성을 통한 예술이 끊임없이 재생산되고 있다는 것이다.

　이렇듯 예술의 콧대가 점점 낮아지면서, 이를 생산하는 소위 아티스트의 범위도 넓어졌다. 자유롭게 생각하고 표현한 하나의 콘텐츠가 예술이 되고, 이 예술이 대중문화의 이름으로 수많은 사람들에게 향유되고 있다. 산업과 예술 고유의 영역이 모호해졌으니, 그 예술이 얼마나 대중들에게 향유되고 있는지 액수로도 환산이 가능하다. 문화산업과 예술 영역의 교집합은 대중문화를 풍성하게 만들고는 있지만, 다양한 문제점이 발생하고 있는 것도 사실이다.

2015년 논란의 중심에 섰던 이른바 아이유 제제논란은 대중문화의 예술화, 예술 표현의 범위, 그리고 예술 표현의 도덕성 문제까지 불러일으켜 뜨거운 화제가 되었다. 일련의 논란들은 5살 소녀의 성적 대상화 문제를 넘어 "아이유가 아티스트인가?"에 대한 영역으로까지 확대되는 듯했다. 아이유 음악에 대한 논란이 전방위적으로 확대되었다는 말이다. 어쩌면 "아이유가 아티스트인가?" 하는 문제는 이제 더 이상 의미 없는 논쟁일지 모른다. 현대사회에서 대중음악이 예술이 아니라면 무엇이 예술일 수 있겠는가? 다만 중요한 것은 그 예술에 대한 표현과 가치는 아티스트 자신의 생각과 논리를 그대로 담고 있다는 점, 그리고 이에 대한 책임 역시 아티스트 당사자에게 있다는 사실이다.

아이유는 자신의 생각을 예술이라는 하얀 백지에 있는 그대로 담아냈다. 그동안 여성 아이돌로서 억누르고 있던 감정까지도 모두 가사에 써내려갔다. 그만큼 솔직하고 대범했다. 우리가 알고 있는 가냘픈 아이유의 생각이 맞나 싶을 정도로 놀라웠다. 그 놀라움은 많은 대중들에게 사실상의 불쾌감을 주었고, 결국 로리타, 소아성애라는 자극적인 비난이 난무할 정도로 큰 물의를 일으켰다.

많은 사람들은 이야기한다. 예술이라는 이름으로 자신이 표현하고 싶은 것을 표현해 내는 것이 왜 문제가 되느냐고 말이다. 그 예술 표현을 받아들이는 것은 대중의 몫, 예술가는 자신의 표현을 마음껏 해낼 권리가 있다고 주장한다. 어쩌면 그 말도 일리는 있다. 하지만 대중문화라는 예술영역의 확장은 소통이라는 이름을 빼놓고는 이야기 할 수 없다. 고전 예술처럼 자신만의 카타르시스를 위해 예술을 하던 시대가 아니라, 산업의 영역에서 영역을 확장해 가는 예술이 대중문화이기 때문이다. 예술가의 윤리적 도덕을 벗어난 표현이 남녀노소 모두에게 들리고 읽힌다면, 그 사상이 가져다 줄 폐해는 상상을 초월 할 수 있다. 레프 마노비치는 자신의 저작 〈뉴미디어의 언어〉에서 현대사회는 하이퍼링크 현상, 다시 말해 다른 사람의 정신구조를 자신의 것으로 오인하고 동일화하는 현상이 일어나고 있다고 지적하고 있다. 그만큼 과도한 자유와 정보가 이제는 스스로 사유할 수 없는 상황까지 만들고 있는 상태에서 이러한 주장은 매우 위험하다. 대중들은 그 심각성을 모른 체 예술가의 그릇된 표현에 서서히 물들어 갈 수 있기 때문이다.

물론 모 평론가들의 말처럼 예술은 표현의 자유가 있다. 하지만 표현을 했다면 이에 대한 정확한 사유와 해석이 뒷받침되어야 하고, 그 사상에 책임을 져야하는 것도 예술가 본인의 몫이다. 소속사의 뒤에서, 내가 안일한 생각을 했던 것 같다고 사과한다고 해서 모든 것이 끝나는 것은 아니다. 자신의 예술 모티브의 차용이 정말 소설 속 5살 제제와 전혀 무관하다면, 대중에게 이를 납득이 가도록 설명해야 할 것이다. 또 만약 그렇지 않고 표현대상이 말 그대로 소설 속 5살 제제였다면 이 음원에 대한 스스로의 현명한 판단이 이루어져야 한다. 단 한 페이지의 주제를 벗어난 사과 성명만을 내고, 대중들의 입방아에 오르내리며 자신의 행동에 책임을 지지 못할 것이라면 이러한 예술은 감히 예술이라는 신성한 이름을 가질 수 없다. 아이유는 자신의 예술에 대해 그 어느 때보다 확실한 책임을 져야한다. 계속 예술가로 성장하고 싶은가? 그렇다면 그에 따른 책임이 끝까지 함께해야 할 것이다.

'증거중독'과 '도덕성'의 관계

◆

서울대 소비트렌드 분석센터의 '트렌드 코리아 2015'에 따르면, 2015 소비 트렌드어 중 하나로 '증거중독'을 선정하였다. 소비자들이 소비를 할 때, 어떤 증거를 보여주지 않으면 소비결정에 확신을 갖지 못하고 무엇도 믿지 않는 현상에서 비롯된 단어이다. 스마트컨슈머도 이러한 증거중독의 의미 확장으로 볼 수 있다. 하지만 이 '증거 중독'은 비단 소비 트렌드에만 국한된 현상은 아니다. 일상생활뿐만 아니라 대중문화 현상에서도 우리는 이미 '증거중독'에 빠져 있다.

정보화 시대, 정보의 홍수에 살고 있는 현대인들은 무언가를 쉽사리 믿지 못한다. 얼마든지 '검색'을 통해 '검증'이 가능하고, 내 눈으로 확인하지 않은 사실은 루머로 취급해버린다. '증거'에 중독이라는 다소 부정적인 단어가 붙어 마치 나쁜 현상인 것처럼 인식될 수 있지만 꼭 그런 것만은 아니다. 대중들이 매체의 정보를 받아들일 때 옛말처럼 바보상자 TV로부터 무의식적으로 흡수하는 것이 아니라, 증거를 통한 확인 과정을 통해 능동적인 정보 수용을 한다. 이 증거중독은 비단 정보 수용에만 사용되는 것은 아니다. 어떤 현상에 대한 '거짓'과 '진실'의 잣대도 증거 중독 현상을 피해 갈 수 없다.

'증거중독' 현상은 인터넷을 뜨겁게 달구었던 일련의 사건들에 대한 대중들의 시선을 대변한다. 먼저 연예인들의 사생활을 바라보는 대중의 시선이다. 대중들은 연예인의 개인사에 과하리만큼 큰 관심을 가진다. 하지만 대중의 관심을 먹고 사는 연예인들이기에 대중들의 시선을 숙명처럼 받아들이는 부분도 있다. 연예인들의 등장, 말투, 행동 모두는 대중들에게 큰 관심의 영역이 되고, 그들의 일거수일투족에도 언제나 '증거'가 나붙는다.

예를 들어, 각종 신문의 연예면은 종종 ○○씨와 ○○의 열애설로 도배되곤 한다. 언제부터인가 한국에도 기자를 가장한 파파라치가 기승을 부리면서 연예인 열애의 '증거잡기'에 혈안이 되어있다. 열애설 기사가 루머와 팩트 사이를 아슬아슬 오가다가도 파파라치의 '증거' 사진이 제공되면 그들은 울며 겨자 먹기식으로 열애를 인정한다. 아무리 증거에 중독된 대중들이라 해도 누군가의 사생활을 훔쳐보는 것에 희열을 느끼고, 대중의 증거중독에 부응하기 위한 파파라치의 훔쳐보기 행위는 도덕적 가치 기준에 대한 의문을 품게 한다. 가십과 루머양산에 열을 올리는 현 사회의 어두운 단면을 그대로 보여준다. 우리에게 필요한 것은 꼬투리를 잡아 누군가를 음해할 '증거수집'이 아니기 때문이다.

반면 2015년 상반기 논란의 중심이 되었던 '이병헌 사건'과 '에네스 카야' 사건은 대중들의 '증거중독'이 도덕성의 비판에 어떠한 영향을 미치는지 보여준 예이다. 이병헌과 에네스 카야는 '세상에서 가장 젠틀한 남자'를 대표하는 것처럼 매체에 등장하여 대중들의 환심을 샀다. 대중들은 그만큼 그들에게 많은 사랑과 믿음을 주었고, 그들의 도덕적 해이는 대중들에게 배신감을 안겨주었다. 초반에는 일종의 '루머' 쯤으로 인식되던 사건들이 여러 '증거'와 함께 사실 쪽으로 무게가 실리면서 그들은 대중들의 비판을 피하기 어렵게 되었다. 사건의 진위 여부를 떠나 도덕적으로 비판받아 마땅한 빌미를 제공했다는 것에 대중들은 더욱 분노하였다. 언행불일치로 불거진 배신감과 '증거'들로 증명된 그들의 이중성은 거짓과 진실에 대중들이 얼마나 민감하게 반응하는지 전적으로 보여주었다. 이 사건에서 대중들의 '사실' 여부를 검증하기 위한 '증거 중독'은 빛을 바랐고, 그 결과는 당사자들에게 씻을 수 없는 오명이 되었다.

대중들의 증거중독 현상은 어쩌면 이중성을 갖고 있는 것인지 모른다. 하지만 우리나라에서 법보다 중요한 것이 국민정서법이고, 이보다 더 중요한 것이 도덕성이다. 증거에 중독될 만큼 현재의 대중들은 능동적이고 치밀하며 능동적 정보 수용자이지만, 한편으로는 가십과 루머양산에 열을 올리기도 한다. 그렇기 때문에 우리에게는 투명성 있는 대중문화를 만들어 내려는 노력이 지금 필요하다. 증거중독의 이중성을 지양하고 비판을 위한 증거 수집이 아닌, 올바른 문화 형성을 위한 노력이 선행되어야 한다. 재미와 인기를 위한 거짓 포장보다는 도덕적이고 진실한 대중문화 풍토가 형성되어야 한다. 이를 위해 콘텐츠 제작자 뿐 아니라 콘텐츠를 수용하는 대중들도 함께 노력해야 한다.

직장인 코드가 각광 받는 이유, 공감과 위로의 웃음을!

관행적인 새벽 출근과 야근은 직장인들의 삶을 더욱 피폐하게 만들고 있다. 이들의 피로를 외면해서는 안되는데 성과 만능주의 한국 사회에서는 직장인들의 희생을 강요하고 있다. 뿐만 아니라 업무 효율 보다는 상사와의 관계, 눈칫밥으로 점철된 한국 직장사회의 어두운 단면도 부각되면서 직장인들의 애환을 다룬 콘텐츠들이 꾸준한 인기를 모으고 있다. 2014년 직장인 코드가 유의미한 행보를 시작하였는데, 그 유행에 불을 지핀 것이 tvN의 〈미생〉이다.

윤태호 작가의 웹툰을 원작으로 한 드라마 〈미생未生〉은 등장인물이 웹툰 속 캐릭터와 싱크로율 100%를 자랑하며 큰 인기몰이를 하였다. 〈미생〉은 프로 바둑기사를 꿈꾸던 주인공 '장그래'가 프로 입문을 하지 못하고 직장생활을 시작하면서 겪는 삶을 매우 사실적으로 다루었다. '장그래'가 인턴을 시작으로 계약직 사원을 거쳐 정규직 직원이 되기 위해 노력하는 과정을 현실적으로 그려내며 많은 직장인들의 호응을 얻었다. 〈미생〉이 이처럼 큰 인기를 끌었던 이유는 직장인들의 '공감'코드 때문일 것이다. 드라마 〈미생〉의 배경 '원 인터내셔널'의 상황 묘사는 매우 디테일하고 현실적이다. 직급별로 서로 다른 입장차를 매우 사실적으로 그려내 리얼리티를 끌어 올렸다. 때문에 실제 직장 생활을 하는 이들의 감정이입을 극대화시킬 수 있었다. 또 워킹맘, 상사의 괴롭힘 등 현실 사회의 사실적 묘사는 시청자들에게 슬픔과 카타르시스를 동시에 안겨주었다. 대부분이 한 조직사회의 일원인 우리사회에서, 특히나 회사생활을 하는 사람의 문제와 고민을 심도 있게 다루었다는 점에서 드라마는 큰 공감을 얻었고, 현재까지 웰메이드 드라마로 언급되고 있다.

최근에는 드라마, 영화는 물론 웹툰, 출판업계까지 직장인 코드에 가세하며 장르는 더욱 다양화되고 있다. 일본 영화 〈잠깐만 회사 좀 관두고 올게〉는 기타가와 에미의 원작 소설을 영화한 것으로 사회생활을 하는 직장인이라면 공감할 수 밖에 없는 이야기 구성으로 큰 사랑을 받았다. 또 웹툰, 짤툰 등 일러스트를 활용한 직장인 애환을 유쾌하게 비튼 삽화가 직장인들의 마음 속 응어리를 대변하며 유쾌한 웃음을 선사하고 있다. 출판계에서도 재기발랄한 제목을 활용하여 직장인의 씁쓸한 단면을 재치있게 그려내는 에세이와 소설 등이 고단하고 팍팍한 직장 문화와 구성원들의 애환을 풀어내고 있다.

지금의 직장인들은 공장의 부속품처럼 쉼 없이 움직인다. 경쟁과 실적에 지친 직장인들은 하루의 피로를 풀지도 못한 체 또 다른 하루를 맞이한다. 이러한 삶의 피로, 입 밖으로 꺼내지 못한 불만들을 다양한 콘텐츠 속에서 해소해주고 있다. 이러한 '직장인 코드'를 통해 잠시나마 공감하며 웃고, 웃으면서 위로를 받을 수 있는 것이다. 직장인들의 삶을 다룬 콘텐츠들을 통해 그들은 잠시나마 위로 받을 수 있다. 한 때 자기개발서 읽기에 열중했던 직장인들의 코드가 이제는 공감과 위로로 옮겨가면서 직장인 코드도 계속해서 변화를 시도하고 있다.

백세시대의 혼자남녀,
범람하던 펫방·집방의 현주소는?

이애란의 〈백세시대〉는 전해라~ 짤방으로 2015년 하반기 대중문화를 강타했다. 전해라 시리즈를 끊임없이 양산하며 트로트와 젊은 세대의 소통을 이끌었다. 가수 이애란씨는 덕분에 25년의 긴 무명생활을 마무리하며 최고의 라이징 스타로 떠올랐다. 지나간 노래도 다시보자 열풍이 일어날 만큼 그녀의 역주행은 많은 의미를 갖는다.

백세시대 가사를 살펴보면 백세시대를 준비하는 세대 공감을 잘 표현하였다. 각 60세부터 100세에 이르기까지 세대별 맞춤 고민과 생의 희노애락은 남녀노소 모두의 공감을 이끌어내었다. 20-30대에게는 다가올 노년에 대한 고민, 부모님 세대에 대한 존경과 감사를 일깨워주고, 또 중장년층에게는 삶의 카타르시스까지 안겨준다는 평이다. 또 전해라로 마무리되는 후렴구는 스스로가 이끌어갈 삶의 의지를 표현하며 큰 지지를 받았다.

백세시대의 도래는 젊은 싱글족들에게도 하나의 숙제가 되고 있는 것이 현실이다. 변화된 생활상은 결혼에 대한 가치와 기준까지 바꾸어 놓았고 혼자서 백세까지 살 수도 있다는 불안감은 혼자남녀들에게 하나의 숙제처럼 다가왔다. 하지만 이애란의 〈백세시대〉는 이러한 젊은이들의 고민까지 아무렇지 않은 것처럼 만들어주며 뜨거운 호응을 일으켰다. 대중문화에서는 "백세시대" 열풍과 혼자남녀의 트렌드가 조화를 이루면서 새로운 컨셉의 프로그램들이 선을 보였다. 바로 애완동물 방송 펫방과 셀프 인테리어 방송 집방이 그것이다.

2015년 대중문화는 먹방·쿡방 열풍으로 뜨거웠다. 하지만 방송가의 트렌드는 그 어느 분야보다 민감하다. 먹고 마시는 것을 감상하는데 지친 방송가는 새로운 포맷, 새로운 아이디어를 쏟아냈는데 그것이 바로 혼자남녀, 싱글족 맞춤 방송이었다. 케이블과 종편에서는 앞 다투어 셀프 인테리어 방송, 애완동물과 함께하는 방송을 선보였다. tvN의 〈내방의 품격〉, Jtbc의 〈헌집줄게, 새집다오〉가 집방을 주도하였고, 또 Jtbc의 〈마리와 나〉 그리고 채널A의 〈개밥주는 남자〉, tvN 〈대화가 필요한 개냥〉 등 애완동물 집사로 분하는 연예인들의 모습을 보여주었다.

물론 이러한 방송 트렌드가 꼭 싱글족만을 위한 요소들은 아니다. 하지만 변화하는 생활환경 속에서 싱글족들의 삶의 형태가 상당 부분 반영된 것은 부인할 수 없다. 핵가족, 고령화 시대가 다가올수록 다수의 공감대를 이끌어낼 수 있는 소재가 방송에서 활용되고 있다. 싱글남녀 연예인이 강아지를 키우며 느끼는 감정에 공감하고, 멋진 싱글라이프를 위해 월세집도 셀프 인테리어 하고 싶은 싱글족들을 대리만족 시켜주며 새로운 트렌드에 눈을 돌리고 있다.

이애란의 "백세시대"의 인기는 무엇보다 ～전해라 짤방으로 시너지 효과를 냈다. 하지만 무엇보다 변화하는 생활상을 반영한 삶의 애환을 가사에 잘 담아내어 전세대적 공감을 불러일으켰다. 남은 인생을 멋지게 살고 싶은 중장년층과 백세시대를 준비해야 하는 젊은 싱글남녀의 조합이 새로운 트렌드가 되며 재미난 대중문화 요소를 만들어내고 있다.

노벨문학상,
밥 딜런 수상의 의미

◆

　노벨문학상에 밥 딜런이 수상자로 이름을 올렸다. 노벨상 가운데 노벨문학상에 대한 일반 대중들의 관심은 비교적 높지만 팝 가수의 수상은 많은 이들을 놀라게 하였다. 미디어에서는 '귀로 듣는 시'라는 찬사를 내놓으며 밥 딜런 음악 다시 듣기 열풍을 일으켰고, 미국은 그의 수상에 유독 흥분을 감추지 못했다. 하지만 노벨문학상의 이례적인 행보에 대해 다양한 의견이 쏟아지고 있다. 특히 일각에서는 노벨문학상의 권위는 떨어졌다며 그가 수상자로 선정된 것을 조롱하고 있다. 이는 노벨문학상에 대한 문인들의 일종의 박탈감 같은 것이라 할 수 있는데, 밥 딜런에게 노벨상은 필요 없지만 침체된 문단에 노벨상은 필요하다는 주장에 설득력을 실어주는 대목이기도 하다. 그럼에도 그의 수상은 문학, 시 등 콧대 높은 고급예술과 대중예술의 경계가 사라졌음을 여실히 보여주는 하나의 사건으로도 평가할 수 있다.

　밥 딜런은 반문화, 히피운동, 반전과 평화를 노래하며 대중들과 직접적인 소통을 하였다. 그의 예술은 미국 사회의 변화에 상당한 영향을 미쳤다. 음유시인으로서의 그의 행보는 그동안의 노벨상이 어떠한 잣대로 대중예술을 평가했는지, 또 대중 가수의 수상이 오히려 너무 늦은 것은 아니었지 의구심마저 들게 한다.

대중문화가 예술의 주된 영역으로 자리 잡으면서 대중 예술의 사회적 역할, 그리고 예술과 대중문화의 경계에 대한 논쟁은 끊임없이 이어지고 있다. 특히 대중 매체의 드라마, 예능 등 방송미디어가 보여주는 다양한 삶의 방식이 사회와 밀접한 관계를 맺고 있음에도, 대중 예술은 여전히 저급한 것이라 규정짓는 이들이 있다. 밥 딜런의 수상에 대한 논란도 대중문화를 예술과는 무관하거나 심지어 대립적인 것으로 여기는 오만함에서 비롯된 것이라 볼 수 있다.

물론 대중 예술의 소비 주체인 대중이 통속적이고 저속한 취미를 일견 가지고 있을 수 있다. 하지만 그저 통속적인 것과 진지한 것의 이분법으로 이해하기엔 대중 예술이 가진 사회적 의미는 상당하다. 대중 예술은 예술의 논의에서 소외 받는 문화산물이 아니라 통속성의 특성과 전통적 예술 사이에서 자기완성을 이루어가는 예술의 확장이라 이야기 할 수 있을 것이다. 따라서 새로운 표현 양식을 만들어갔다는 점에서 밥 딜런의 예술도 문학의 양식이 될 수 있다. 대중음악으로서 그의 시는 가까이 하기엔 어떤 먼 것이 아니라, 누구나 원하면 듣고 읽고 읊조릴 수 있는 예술이다. 권위라는 이름하에 자신들만의 높은 진입 장벽을 세우는 것이 아니라 숨 쉬듯 느낄 수 있는 시로 재평가할 수 있는 것이다.

하지만 아이러니하게도 대중문화 사이에서도 주류와 비주류의 경계는 마치 예술과 대중예술의 경계처럼 꽤나 높은 계급 장벽을 형성하고 있다.

그럼에도 최근 인디가수 "볼 빨간 사춘기"의 흥행은 이러한 계급 구분도 더 이상 의미 없는 것으로 만들어 버렸다. 음원차트에서 그들의 파급력이 이미 메이저급이 되면서 '인디'의 경계도 이미 사라진 듯 보인다. 이렇게 노래 장르의 경계가 점차 허물어지는 것처럼, 전체적인 큰 틀에서의 주류와 비주류의 경계 역시 사라지고 있는 모양새이다. 결국은 많이 불리고 읽혀지는 예술이 주류와 비주류의 경계를 허무는 하나의 시금석이 되고 있다. 누구나 쉽게 다가갈 수 있는 예술, 그것이야 말로 진정한 의미의 예술이 된 것이다.

사실 밥 딜런의 수상과 대중 예술계에 불고 있는 일련의 경계 허물기가 사람들의 인식 변화에 어떠한 영향을 미칠지 미지수이다. 하지만 무엇보다 중요한 것은 의미없는 주류도 고급의 분류보다는 누구나 쉽게 다가 갈 수 있는 문화가 결국은 예술의 완성이라는 점이다. 현재의 변화들은 오히려 하나의 선언처럼 보인다. 계급, 인종, 학벌 등 그 어떤 경계도 없이 누구나 즐길 수 있는 예술, 이를 통해 소통하고 마음의 위안을 얻는 예술이야말로 진정한 의미의 수상자격을 갖춘 예술이라는 점 말이다.

한국형 판타지물의
새로운 성장 가능성

소설, 영화, 드라마, 애니메이션에 이르기까지 판타지 장르의 콘텐츠가 쏟아지고 있다. tvN 드라마 〈도깨비〉는 시청률 고공 행진으로 tvN 드라마의 새 역사를 썼고, 일본 애니메이션 〈너의 이름은.〉은 국내 일본 애니메이션 흥행 기록을 갱신하였다. 최근 몇 년 사이 판타지물이 국내 대중들에게도 큰 인기를 얻고 있다. 몇 년 전까지만 해도 타임슬립 소재에 국한된 판타지물이 안방과 극장가에서 인기를 끌었다면, 이제는 그 소재가 다양화되고 있다. 최근에는 시공간을 초월한 판타지적 대상물이 눈길을 사로잡고 있는데, 단순히 과거로의 시간여행 뿐만 아니라 허구와 실제를 넘나드는 캐릭터가 대중들에게 큰 사랑을 받고 있다. 특히 도깨비, 인어 등 문화원형 소재가 현대 문화콘텐츠로 재탄생되고 있다는 것이 주목할 만한 점이다.

2000년대 초반부터 〈해리포터〉, 〈반지의 제왕〉 등 서양 근대적 판타지 소재가 국내 판타지 시장을 주도하고 있었다. 때문에 한국형 판타지의 개발과 문화원형 발굴에 대한 학계의 연구가 활발히 진행되었지만 그 성과는 미비하였다. 한국의 전통적인 소재를 바탕으로 제작된 판타지물이 국내 관객들에게 별다른 반응을 얻지 못한 것이다. 또한 진부한 이야기와 현실성 떨어지는 소재라는 편견도 한 몫을 하였다. 『서유기』라는 유구한 문화원형이 현재까지 남녀노소에게 사랑받고 있는 이웃나라 중국과는 상당히 대조적인 모습이었다.

상상력을 바탕으로 쓰인 문학의 한 장르가 다양한 콘텐츠로 시가화되는 과정은 꽤나 흥미롭다. 과거 대중들은 문학 작품을 통해 상상력을 확장시키는 데 그쳤다면, 현대에 들어서는 눈앞에 구현된 상상력이 마치 현실 세계에 있는 듯 한 착각을 불러일으킨다. 이를 통해 대중들은 일종의 해방감과 마음의 위로를 얻는다. 물론 도깨비, 인어 등 문화원형에 대한 새로운 접근과 한국 판타지물의 갑작스러운 흥행이 스타작가와 스타 PD의 영향이라는 것을 부인할 수는 없다. 김은숙의 독보적 흥행 파워와 박지은의 감각이 우리나라도 판타지 흥행이 가능하다는 것을 보여주었다. 또 공유, 이민호, 전지현 등 흥행 보증 수표로 불리는 스타들이 출연했다는 점도 대중들에게 신뢰감을 안겨준 것이 사실이다. 그럼에도 불구하고 현 시점의 판타지물의 흥행은 많은 것을 시사한다.

환상을 통해 우리는 권태로부터의 탈출, 결핍에 대한 갈망, 현시대를 바꾸려는 욕구를 충족시킬 수 있다고 이야기 한다. 특히 어지러운 국내 정세가 대중들의 숨겨진 욕망을 깨우는 결정적인 역할을 하고 있다. 쏟아지는 정치 풍자와 현실을 반영한 콘텐츠 소재들은 사람들에게 통쾌함을 주지만 더불어 왠지 모를 불쾌감을 안겨주는 것이 사실이다. 즐거움을 위한 문화 생활이 스트레스로 이어지는 악순환은 대중들에게 피로감을 줄 수밖에 없다. 그러한 의미에서 현실로부터 완전히 동떨어진 콘텐츠는 오히려 대중들에게 묘한 긴장감과 함께 카타르시스를 선사한다. 또 잘 짜여진 환상은 오히려 현 상황의 문제점까지 되돌아 볼 수 있게 한다. 판타지물의 위상을 온전히 인정받지 못했던 국내에서 현재 판타지물의 흥행은 또 다른 의미의 문화적 성취라 할 수 있다. 따라서 앞으로 한동안 이어질 판타지물의 흥행은 문화콘텐츠 시장의 또 다른 가능성을 발견하는 과정으로 이해할 수 있을 것이다.

정치와 예능,
예능과 정치

◆

　대통령 탄핵이라는 사상 초유의 사태가 벌어지면서 국내 정세는 요동쳤다. 온 국민들의 관심이 정치판으로 쏠렸고 의견도 양립되는 등 국론 분열의 사태가 그 어느 때보다 심각한 상황으로 이어졌다. 때문에 정치판보다 더 재미있는 유머는 없다는 우스개소리가 나올 정도로 정치권의 위신은 바닥을 쳤다. 이를 비웃기라도 하듯 정치 풍자 예능이 다양하게 쏟아졌고, 시사 예능의 다양화로 정치와 예능의 만남이 큰 인기를 끌었다.

　tvN의 〈SNL코리아〉는 첫 방영 당시 신랄한 정치풍자로 대중들의 큰 사랑을 받았다. 김슬기라는 라이징 스타를 만들어내며 국민들에게 카타르시스를 선사했다. 하지만 박근혜 정부 때부터 정치풍자 코미디는 사라졌고 〈SNL코리아〉는 끊임없는 외압 의혹이 불거졌다. 박근혜 전 대통령이 대선 후보였을 당시, 어떤 프로그램보다 강하게 정치인들을 풍자하고, 시국을 반영했던 프로그램이었기 때문에 더욱 그랬다. 이 같은 일련의 사태로 결국 'SNL코리아'를 비롯한 수많은 코미디 프로그램들은 날카로운 사회·정치 풍자의 기능을 잃어가는 듯 보였다. 하지만 우연인지 필연인지 'SNL코리아'는 시즌 9의 물고를 틀면서 신랄한 사회 풍자로 변화의 모습을 보여주었다. 최순실은 물론이고 촛불집회와 태극기 집회의 갈등도 신랄하게 풍자하는 등 사회 이슈를 가감 없이 다루었다.

또한 사상 초유의 장미 대선을 앞둔 시점부터는 대선주자들과 대중문화의 접점도 넓어졌다. 이는 대중문화와 예능 콘텐츠의 영향력이 커지고 있는 현상을 반영한다. SBS 웹예능 〈양세형의 숏터뷰〉에는 대선주자들이 출연해 인터넷상에서 큰 이슈가 됐다. 이 프로그램은 TV가 아닌 포털사이트와 소셜네트워크서비스(SNS), 유튜브를 통해 유통되는 모바일 전용 콘텐츠로 누적 조회수가 3500만건을 넘을 정도로 큰 인기를 끌었다. 최순실 국정농단 사태로 10대에서 20대의 젊은 층까지 정치적 관심이 높아졌을 뿐 아니라, 접근이 용이한 소셜 미디어를 통해 재미와 유익함을 동시 잡으며 호평을 받았다.

뿐만 아니라 SBS에서는 〈캐리돌 뉴스〉라는 신개념 뉴스 프로그램으로 대중들에게 신선함을 안겨주었다. 현재 이슈가 되고 있는 인물들과 똑같은 캐리돌을 제작하여 배칠수, 전영미 등의 성대모사로 현 정세를 신랄하게 풍자하였다. 사실감의 극대화는 물론 수많은 이슈들을 대담 형식으로 진행하여, 직설적인 비틀기를 통해 재미와 통쾌함을 안겨주었다. 예능 형식을 표방한 뉴스 프로그램이라는 점이 시사 예능과도 그 맥을 함께하며 대중들의 사랑을 받았다.

이렇듯, 다양한 연령층의 정치에 대한 관심이 높아질수록 정치도 예능화될 수밖에 없다. 다만 여느 예능 프로그램처럼 단순히 재미만을 추구하는 것이 아니라, 정치적 신념과 가치관을 녹여낸 시사 예능이 계속해서 이어진다면, 소통이 필요한 정치인들에게는 새로운 소통 창구로, 정치인에 대한 호감도가 낮은 대중들에게는 색다른 정치인들의 모습을 볼 수 있는 장으로 활용 될 수 있을 것이다.

문송한 현실 속
인문학의 재발견

◆

    취업난을 겪고 있는 청년들에게 "문송합니다문과라서 죄송합니다"는 가장 가슴아픈 신조어로 평가된다. 철학과에서 각종 어문계열, 사회학 계열까지. 대학의 최소 50% 학과가 인문계인 나라에서 문과를 나왔다는 이유만으로 죄송해야 하다니. 취업시장에서 '문과라서 죄송한' 현실은 많은 청년들을 벼랑 끝으로 몰고 간다. 문과는 취업이 어렵다는 인식 때문에 더 많은 학생들이 오직 취업 잘되는 진로만을 꿈꾸고, 급기야 100만 공시생공무원 준비생 시대가 열렸다.

    이러한 현실과는 별개로 방송가에서는 최근 "인문학"이라는 키워드가 새로운 트렌드를 이끌고 있다. 오디션, 먹방, 쿡방, 여행 등 지금껏 다양한 트렌드를 주도한 방송가가 인문학을 통해 재미와 공익성을 동시에 추구하겠다는 것이다. 인문계 기피 현상과는 달리 인문학이 방송가를 점령한 이유는 무엇일까? 단순한 오락성만을 추구하던 예능을 넘어 사고와 재미, 힐링을 함께 선보일 수 있는 프레임이 인문학이라는 것이다. 특히 세상을 다양한 시각으로 바라볼 수 있는 토대를 제공한다는 점에서 웃고 떠들기 위한 예능이 아닌 더 깊은 사고를 위한 도구로 활용 되고 있다는 분석이다.

tvN의 〈어쩌다 어른〉은 각계 전문가들이 지친 어른들에게 다양한 정보를 전달하며 위로를 건네는 컨셉의 예능이다. 강연의 내용과 분야는 각기 다르지만 역사, 글쓰기, 평론, 심리학에 이르기까지 그 범위는 다양하다. 강연의 공통적 특징은 인문학적 지식을 통해 세상을 꿰뚫는 통찰력을 공유한다는 것이다. 정보 전달의 강연을 넘어 인문학을 통해 사고하는 방법을 제안하고 이를 통해 지친 어른들에게 위로를 건넨다. 또 나영석PD는 이전과는 다른 인문학 예능을 새롭게 론칭하였다. 〈알아두면 쓸데없는 신비한 잡학사전〉에서는 작가 유시민, 칼럼니스트 황교익, 소설가 김영하, 물리학자 정재승, 건축가 유현준, 뇌과학자 장동선 등이 모여 국내를 여행하며 그들의 관점에서 세상을 바라본다는 컨셉이다. 학문이라는 큰 틀에서 전혀 새로운 관점들이 쏟아지면서 시즌2를 이어오며 화제를 모으고 있다. 또 TV조선에서는 〈배낭 속에 인문학〉을 통해 세계여행과 인문학 강연을 결합시킨 진화한 형태의 여행 예능을 선보이고 있다.

이처럼 방송가에서 인문학에 눈길을 돌리는 이유는 무엇일까? 현실에서는 인문학이 고루하고 돈벌이가 되지 않는다는 이유로 외면받지만, 오히려 그러한 기준에 억눌린 대중들은 인문학에서 더 큰 위안을 받고 싶어 한다. 또 세상의 기준과 자신만의 기준을 조율하고 정리할 수 있는 하나의 메커니즘으로 활용되면서, 새로운 방향성을 제시하고 있다. 이렇듯 경제활동과는 별개로 인문학적 수요가 늘어나면서 예능에서도 인문학 따라잡기가 지속적으로 나타날 것으로 전망된다.

토대와 구조를 바라볼 수 있다는 측면에서 인문학의 기능과 역할은 새로운 의미로 다가올 수 있다. 하지만 한편으로는 문송한 현실 속에서 TV 예능의 인문학 바람은 어쩐지 앞뒤가 맞지 않아 보이기도 한다. 그럼에도 문화를 주도하는 TV 프로그램에서 인문학이 그저 지루한 학문이 아닌 즐거움으로 재평가될 수 있다는 그 자체만으로 더 큰 의미가 있는 것일지 모르겠다. 이번 인문학 바람이 잠시 스쳐지나가는 도구가 아닌 인문학의 의미와 재미를 재성찰할 수 있는 계기가 되기를 기대해본다.

욜로YOLO 열풍,
자기만족과 현실도피 사이

◆

다양한 유형의 삶의 방식을 뜻하는 "라이프 스타일"은 단순한 삶의 패턴을 넘어 현시대 상황을 그대로 반영한다. 2000년대 국내외를 강타한 웰빙well-being 열풍은 현대 산업사회에 지친 현대인들의 육체적, 정신적 조화를 추구하며 인기를 끌었다. 최근 트렌드로 각광받고 있는 욜로You Only Live Once 열풍은 웰빙과는 다른 개념이다. 지금 이 순간의 행복을 지향하는 생활방식으로 젊은층 사이에서 큰 호응을 얻고 있다. 하지만 의미상으로는 즐기며 사는 삶의 순기능을 내포하고 있지만, 한편으로는 현재의 삶의 불확실성을 대변하기도 한다. 특히 젊은층의 욜로YOLO라이프는 "탕진잼탕진+재미"이라는 용어와 함께 개인의 만족과 행복보다는 팍팍한 삶의 탈출구처럼 비추어지고 있다.

저성장과 취업난에 시달리는 젊은층 사이에서 확산되고 있는 "탕진잼"은 이미 소비 트렌드가 되고 있는 모양새이다. 티끌처럼 모아봤자 안정적인 생활을 준비할 수 없으니 차라리 소소한 쇼핑으로 가지고 있는 것을 탕진해

버리자는 취지이다. 미래에 대한 준비를 할 수 없으니 작은 만족에 충실하자는 것이다. 이는 욜로YOLO의 단 한번뿐인 인생!이라는 느낌만을 강조한 현시대의 불안정성을 그대로 보여준다.

방송계에서도 욜로YOLO 트렌드를 발빠르게 따라가는 추세이다. 또 욜로YOLO라이프의 본래적 의미를 강조한 예능 프로그램들도 속속 선보이고 있다. 가족 예능을 넘어 이제는 "나" 자신을 챙기자에 중점을 두고 여행, 휴식, 일탈을 다양한 방식으로 보여주고 있다. 저비용 고효율 여행을 통해 다양한 여행 정보와 휴식을 선보이는 KBS의 〈배틀트립〉과 tvN 〈어느날 갑자기 백 만원〉은 욜로YOLO를 추구하지만 실천하지 못하는 현대인들에게 대리만족을 선사한다. 또 tvN 〈주말엔 숲으로〉은 욜로YOLO 라이프를 실천하고 있는 일반 출연자들의 일상을 소개하며 새로운 트렌드를 제시하고 있다.

또 기존의 관찰예능을 넘어 출연진들에게 특정 상황을 던져주어 새로운 트렌드를 제시하는 예능도 선보이고 있다. 이 특정 상황은 시청자들이 한번쯤 꿈꿔본 욜로YOLO라이프와 그 맥을 같이하며 대리만족 효과를 극대화 시킨다. 나영석PD의 신작 tvN의 〈신혼일기〉와 〈윤식당〉은 현대인들의 판타지를 실현시켜 전혀 다른 종류의 즐거움을 제공하였다. 도시를 떠나 오직 둘만의 삶에 집중한 신혼생활이나, 휴양지로 떠나 식당을 운영해보는 새로운 형태의 판타지는 누구나 한번쯤 꿈꾸는 삶을 재현하여 볼거리와 휴식을 동시에 선사하였다.

이처럼 대중문화를 강타하고 있는 욜로YOLO 라이프의 추구는 현대인들의 삶과 맞물려 다양한 형태로 나타고 있다. 하지만 이 욜로YOLO의 의미는 자기 주도적 삶의 추구와 현실 도피사이의 미묘한 접점을 가지고 있음을 부인할 수 없다. 저성장, 취업난에 시달리는 젊은층의 모습과 탕진으로 욜로YOLO 라이프를 추구하는 모습은 사실 지나친 모순점을 가지고 있다. 대중문화를 강타하고 있는 욜로YOLO가 젊은층의 더 나은 삶을 위한 선택인지 아니면 현실도피를 통한 단순한 재미의 추구인지는 다시 한 번 생각해 보아야 할 문제일 것이다.

혁신인가 교란인가
GD의 USB 음반과 넷플렉스

문화계의 플랫폼 전쟁은 시대가 변함에 따라 끊임없이 일어날 것이다. 최근 음반과 영화시장 등 문화계 거대 시장에서 발생한 플랫폼 전쟁은 앞으로 맞이하게 될 4차 산업 혁명의 신호탄처럼 보인다. 2017년 칸 영화제 경쟁부문에 초청된 봉준호 감독의 영화 〈옥자〉는 프랑스 영화계는 물론 한국에까지 상영 방식에 대한 논란을 불러일으켰다. 〈옥자〉는 동영상 스트리밍 업체 넷플릭스가 투자·배급을 맡은 영화로 디지털 플랫폼 방식의 영화 배급을 목표로 하였다. 기존의 극장 개봉 방식이 아닌 인터넷 영상 재생 방식만으로 배급을 하는 것이다. 개봉 첫날 190개국 넷플릭스 유통망을 통해 일제히 공개될 예정이었던 〈옥자〉는 한국과 미국, 영국에서는 예외적으로 극장 동시 개봉을 계획하였다. 이에 대해 국내 극장 관계자들은 〈옥자〉의 상영 방식이 영화 생태계를 교란시킬 것이라 주장하며 〈옥자〉에 강한 불만을 표시하였고, 결국 극장 체인들은 〈옥자〉의 상영을 보이콧하며 논란을 불러일으켰다.

음반시장에서도 비슷한 상황이 발생하였다. 4년만에 솔로앨범으로 컴백한 지드래곤(이하 GD)은 자신의 음반을 기존 CD형식이 아닌 USB로 제작하였다. 처음 이 소식을 접한 대중들은 GD의 또 한 번의 혁신이라며 놀라워하였다. 하지만 한국음악콘텐츠산업협회 측에서는 GD의 USB를 음반으로 인정할 수 없다는 입장을 내놓았다. 음이 유형물에 고정되지 않은 저작물을 음반으로 정의할 수 없다는 것이다.

〈옥자〉에 대해 극장 측에서는 상업 영화의 선극장 원칙을 내세워 넷플릭스의 관객 나눠먹기를 용납할 수 없다고 주장하였다. 하지만 극장 측이 이제껏 대중들에게 보여준 태도는 영화 생태계 교란을 걱정하는 것과 앞뒤가 맞지 않아보였다. 투자·배급사 영화의 상영관 몰아주기, 작은 영화의 상영관 제한, 극장 좌석 차등요금제 등의 행보가 그들이 주장하는 보전해야 할 영화 생태계인지 강한 의문을 품게 하였다. 음반계에서도 음반 수입과 수량의 책정 가능 여부에만 초점을 맞추어 음악을 평가하려 한다. 언제부턴가 CD가 팬들의 소장적 소비재로 전락해버린 상황에서 변화를 위한 하나의 시도가 그저 상업논리로만 해석된 것이다.

음악과 영화는 문화산업이기 이전에 예술이다. 영화 〈옥자〉와 GD의 솔로 앨범에 대한 예술적 평가 이전에 상업적 논란만 증폭되어 주객이 전도된 모양새이다. 또 기존의 틀만이 맞고, 새로운 것은 용납할 수 없이 잘못된 것이라 주장하며 변화를 막고 있다. 영화도 비디오에서 DVD를 넘어 VOD주문형비디오서비스로 진화하면서 다양한 생태계 변화를 체험하였다. 그럼에도 여전히 극장을 찾는 사람들은 극장을 찾으며 그 자리를 지켜오고 있다. 음반도 LP에서 카세트 테이프, CD에서 음원 다운로드까지 끝없는 혁신이 이루어졌다. 기존의 틀을 깨는 것은 잘못된 것이라는 꽉 막힌 사고가 혁신과 변화의 시대에 큰 장애물이 되고 있는 것이다.

변화가 질서를 교란시킨다면 그에 맞는 유연한 대응책을 모색해야 할 필요가 있다. 변화를 막는다고 능사는 아니다. 또한 그들이 우려를 표하는 시장질서가 진정 영화와 음반계의 질서인지 아니면 시장 논리에 체계화된 유통질서인지도 스스로 고민해 보아야 할 때이다.

마녀사냥의 장으로 변질된
개인 SNS

얼마전 논란이 된 "204번 버스사건"은 상처뿐인 결론이 났다. 사건의 본질은 사라지고 여론 공방전과 마녀사냥만 남았다. 적지 않은 사람들이 피해를 입었고 누군가에게는 평생 씻을 수 없는 상처가 되었다. 어찌 보면 아이엄마는 큰 실수를 저질렀고, 버스기사는 버스 운행 매뉴얼을 준수했으며, 최초 유포자는 긴박한 상황을 가감 없이 전했다. 어느 누구의 책임을 묻고, 그 사람을 비난하기보다는 아이와 승객의 안전에 초점을 맞추고 더 이상 같은 일이 재발하지 않도록 서로 주의하고 반성해야 할 일이었다. 하지만 사건은 일파만파 퍼져 전국을 강타했고, 버스 운전기사, 아기엄마, 최초 유포자 순차적으로 마녀사냥을 당하며 많은 피해가 발생했다.

최근 SNS 활용도가 높아지면서 SNS 속 개인의 이야기가 검증의 과정도 없이 무분별하게 유포되거나, 신문기사화 되고 있다. 기사 클릭수와 '좋아요'에 사활을 건 사람들의 도 넘은 SNS정보 경쟁은 상당한 사회적 문제를 일으키고 있다. 특히 SNS 짜깁기식 검증되지 않은 뉴스가 가장 큰 문제인데, 기사 말미에 "이에 대한 논란은 계속될 전망이다."라는 멘트 한 줄로 기자의 사명을 다하는 것처럼 보인다. 그 어떤 후속취재도 없이 또 다른 논란을 재생산하기만 급급한 모양새이다. 이렇게 생산된 기사의 당사자는 어느 순간 마녀 사냥의 표적이 되는데, 대중들은 사건의 단면, 검증되지 않은 사실에 호도되어 누군가를 비난하기에 혈안이 되기도 한다.

작년부터 시작된 문화계 블랙리스트 수사가 급물살을 타면서 이제는 화이트 리스트까지 SNS상에 유포되고, 이를 향한 무차별적 비난이 확산될 조짐이다. 또 방송사 파업으로 발생한 '김성주 사건'도 마녀 사냥식, 인민재판식 비난이 일면서 김성주는 곤욕을 치르게 되었다. 이처럼 SNS는 개인의 의견을 개진하고, 소통하는 사회참여적 활용을 넘어, 일상의 무료함과 고통을 해소시켜줄 쾌락의 도구로 전락하고 있어 심각한 사회 문제가 우려된다. 마녀사냥에 호도된 대중들이 SNS로 특정 인물의 신상을 털거나, 욕설, 비난의 창구로 활용하며 개인적 분노를 정의감으로 포장하고 있다.

마녀 사냥은 그야말로 군중 심리이다. 자신의 가치관에 맞게 사건을 객관적으로 바라보는 것이 아니라, 희생의 대상을 만들어 공격하고 신상을 털어 사회적 매장을 유도하는 악질적 행위이다. 마녀사냥의 타깃이 되면 전후 사정 고려 없이 타도의 대상이 되어버리는 충격적인 현상은 매우 심각한 사회문제가 될 것으로 보인다. 이러한 행위는 자라나는 청소년들에게까지 영향을 미치고 있어서 더 큰 우려가 된다. 부산·천안·강릉 여중생 폭행 사건의 저변에도 잘못된 SNS 활용법, 과시욕이 문제로 제기된 것처럼 말이다.

이처럼 개인의 일상을 나누고 많은 대중과의 소통 창구였던 SNS가 자기

과시, 광고, 음란, 마녀 사냥의 창구로 활용되고 있어 각성이 요구되는 바이다. 검증되지 않은 개인의 사생활이 뉴스의 소재로 활용되는 점, 몰카와 도촬 등의 검증을 가장한 사생활 침해, 유해 음란물에 쉽게 노출되는 청소년 피해까지 무분별한 SNS 활용이 상당한 사회적 문제를 일으키는 만큼 이에 대한 해결 방안을 모색해야 할 때이다.

공중파 파업에도
시청자들이 불편하지 않은 이유

◆

　명절 연휴는 파일럿 프로그램의 승패의 장이다. 올해 최장 10일간의 추석 연휴는 파일럿 프로그램 전쟁을 예고하는 듯했다. 하지만 2개의 공중파 방송사 KBS와 MBC가 파업에 들어가면서, 불꽃 튀는 전쟁이 예상되었던 추석 연휴가 이렇다 할 화제성을 일으키지 못하고 끝나버렸다. 성공작을 내 놓지 못한 아쉬움보다 더 많이 회자 되고 있는 이야기가 공중파 방송의 타 방송 베끼기 문제였다. 추석 연휴 파일럿을 만들어내야 한다는 압박감과 인기 높은, 이른바 광고가 많이 붙을만한 프로그램을 만들어 내야 한다는 사명감이 오히려 독을 부른 것일까? KBS 파일럿 중 상당수의 작품이 어디서 본 듯한 기시감을 가진 예능이 대부분이었다. 시청자의 조롱이 이어졌고, 각 방송 연출자들은 자기들만의 장점을 이야기하며 '표절'은 아니라고 주장했다.

　KBS만 해도 이미 세 작품이상이 표절 논란의 중심에 섰다. 〈혼자 왔어요〉는 여행을 떠난 청춘남녀의 호감과 감정을 스튜디오에서 토크 형식으로 분석하는 포맷의 예능인데, 채널A의 〈하트시그널〉과 유사하다는 지적을 받았고, 〈하룻밤만 재워줘〉는 출연자가 계획 없이 해외를 돌며 하룻밤 잠자리를 요청하는 포맷으로 Jtbc 〈한끼줍쇼〉를 연상케 했다. 또 〈줄을 서시오〉는 서울 대표 맛집을 출연진들이 대중들과 함께 줄을 서며 공감과 웃음을 이끌어 내는 프로그램으로 Jtbc 〈밤도깨비〉와 유사성을 드러내었다. 사실 공영방송 KBS의 프로그램 표절 문제는 어제 오늘만의 일은 아니다. 〈슈퍼맨이 돌아왔다〉, 〈불후의 명곡〉 등은 아류작이라는 불명예를 뒤로하고 KBS의 대표 예능으로 자리 잡았다. 마치 첫 방송 시기만 시청자들에게 뭇매를 맞으면 그만이라는 듯 표절은 끊이지 않고, 이에 대한 죄책감 또한 없어 보인다.

최근 중국에서는 tvN 〈윤식당〉부터 Jtbc 〈효리네 민박〉까지 저작권료나 판권판매 없이 무분별한 한국 예능 표절이 이어지고 있다. 하지만 이를 비난하고 시정 요구를 할 수 있을지 우리 스스로부터 의문스러운 상황이 발생했다. 물론 콘텐츠의 경향과 인기, 또 비슷한 소재가 이용될 수 있는 것은 당연하나 창의성 제로에, 그저 베끼기 수준의 프로그램은 더 큰 문제를 야기할 수 있다. 최근 KBS 드라마 〈마녀의 법정〉이 칭찬 받은 이유도 재미도 재미이지만, 내용과 여주인공의 캐릭터가 KBS스럽지(?) 않았다는 이유에서였다. 공중파 방송사의 권위와 믿음이 얼마나 추락하였는지 여실히 드러나는 대목이다. 드라마의 높은 시청률에 기뻐하는 것도 좋지만, 뼈 아픈 지적에 대한 반성과 자각도 필요한 시점이다.

이는 2대 공중파 방송사가 장기 파업을 펼쳤음에도 시청자들이 큰 불편함을 느끼지 못한 것과도 관련이 있다. 공중파를 대체할 유료 채널이 넘쳐나고, 더욱 참신하고 볼만한 방송이 늘어나고 있는 상황에서 시청자들의 이른바 "공중파 충성도"는 떨어지게 마련이다. 재미있고 신선한 콘텐츠를 직접 찾아서 보는 시대임을 잊지 않고 창의성 높은 프로그램 개발로 시청자들의 니즈를 충족해야 할 때이다. 방송사 파업 때문에 참신한 작품을 만들어 내지 못했다고? 그건 핑계에 불과하다는 것을 그간의 행보가 잘 말해준다.

제 2 장

TV 예능으로 보는
대중문화

B급 코드와 욕망의 만남, 문화콘텐츠의 새 트렌드를 열다

◆

    산업화를 통한 복제기술의 발달과 대량생산은 대중성이라는 변화의 기틀을 마련하였다. 과거 귀족에게만 국한되었던 문화는 이제 대중적 향유에 초점을 두고 있다. 그리하여 문화의 대중성은 트렌드라는 일종의 사회적 경향을 나타내는 지표로 해석되고 있다. 많은 사람들이 소구하고 즐기는 것이 문화를 대표하는 키워드로 발전하고 있는 것이다.

    그렇다면 지금 대중문화를 휩쓸고 있는 문화 키워드는 무엇일까? 바로 B급 코드이다. 사실 이 B급 코드는 대중문화가 개성과 특수성의 무덤이 되고 있는 현상에 대해 반기를 들면서 시작된 하위 장르로 볼 수 있다. 이에 대해 이동연 교수는 "문화 안에도 다양한 하위체계들이 존재하기 때문에 B급 문화가 하위문화를 대표한다고 말할 수는 없지만, 하위문화 안에서 발생되는 스타일을 구성하는 것은 통제하는 것에 저항하는 충동과 그것으로부터 벗어나려는 욕망을 실현하는 것"이라 말하였다. 국내에서는 획일성에서 벗어난 저항과 충동의 정서가 인간의 기본적 욕구와 중첩되면서 새로운 문화를 형성하고 있다.

가수 박진영의 노래 "어머님이 누구니?"가 음원차트를 휩쓸었다. JYP엔터테인먼트의 수장이 날린 홈런치고는 매우 독특하고 이례적이다. 그동안의 행보를 살펴보면 19금코드와 크게 멀지 않았던 박진영이지만 이번에는 본인의 장기를 B급 코드와 접목시켜 더욱 선정적이고 재미있는 음악을 만들었다. 트렌디한 리듬에 여성의 신체사이즈에 대한 노골적인 언급과 이 아름다움의 근원인 어머니의 근황을 묻는 다소 황당한 가사 전개가 실소를 자아내었다. 하지만 그 웃음은 유쾌하고 리듬감 넘친다. 또 핫한 여성 래퍼로 꼽히는 제시와의 콜라보레이션도 이 히트송의 신의 한수가 되었다. 다소 노골적이고 저급해 보이지만 음악적 완성도는 잃지 않는 박진영의 노련함이 대중의 욕구를 쉽게 자극시키며 음악 장르의 개성화에 불을 지핀 것으로 보인다.

또 케이블방송에서는 "초인시대", "더 러버" 등 19금 코드와 1차원적인 욕구를 자극하는 B급 콘텐츠들이 선보인바 있다. 이 B급 트렌드의 가장 큰 특징은 욕구, 욕망으로 치부되던 저급성을 노골적이고 직접적으로 언급하며 대중들에게 통쾌한 카타르시스를 선사했다는 점이다. 성적 표현의 아슬아슬한 수위를 넘나들거나, 삐-처리된 직접적 욕설은 당황스러운 웃음을 선사하지만 대중들에게는 큰 즐거움을 선사하였다.

그렇다면 B급 코드가 열풍을 일으키는 주된 요인은 무엇일까? 이 추세는 경제적·사회적 상황과 직접적인 연관성을 찾을 수 있다. 사람들은 누구나 가장 원초적인 욕망을 가지고 있고, 그 욕망을 충족시키기 위해 삶을 살아간다고 해도 과언이 아니다. 대중문화에서의 시각적·청각적 자극은 원초적 욕망 달성의 중요한 기제가 되고, 19금과 저급함을 소재로 한 B급 코드는 욕망을 쉽게 달성하게 하는 자극제 역할을 하고 있는 것이다. 또한 무 겁고 어려운 현실 세계에서 재미와 유머를 가장 큰 덕목으로 두는 B급 코 드는 빠른 자극성와 함께 대중들에게 재미를 주고 있다.

이러한 현상은 푸드 포르노라는 신조어의 탄생과도 연관성이 있다. 현대 인들에게 가장 빠른 스트레스 해소 수단이 식욕이다. 이를 충족시키기 위 해 '직접 먹다'라는 행위를 넘어 먹방 시청으로 욕구 충족의 영역을 확장시 키면서 푸드포르노라는 새로운 문화현상을 만들었다. 시각과 청각을 통한 감정의 대리만족과 욕망의 충족은 바쁜 현대인들에게 가장 빠른 일상탈출 의 수단이 된 것이다. 이처럼 문화콘텐츠와 욕망의 만남은 대중문화를 관 통하는 새로운 트렌드로 인식되고 있고, 이것이 B급 코드 현상을 만들어 내고 있다. 이는 현대인들의 각박한 삶을 가장 원초적으로 대변하고 있는 현상으로 인식될 수 있으며, 이러한 추세는 당분간 지속될 것으로 보인다.

Mnet 〈음악의 신2〉와
〈쇼미더 머니 5〉의 인기가 증명하는 것

◆

　대중문화의 B급코드는 현재 문화콘텐츠 시장의 새로운 화두로 떠오르고 있다. B급 문화는 고급문화, 주류문화의 반대 개념 또는 얼핏 보기에 촌스럽고 유치하거나 폭력적이고 선정적인 문화, 금기시됐던 소재를 끄집어내는 문화적 경향으로 인식되었다. 세속적, 통속적이라는 부정적 의미로부터 출발한 B급 문화이지만 현재는 독립적인 대중문화의 한 영역으로 인정받으며 인기몰이를 하고 있다. 이제 B급 코드는 고상한 주류 문화가 채울 수 없는 대중의 가려운 구석을 긁어주며 문화의 아이콘으로 그들만의 영역을 만들어 가고 있다. B급 문화의 새로운 역할은 주류 문화에 대한 반감과 새 영역으로의 도전으로 풀이할 수 있다.

　이러한 B급 열풍을 바탕으로 대중문화계를 강타한 방송 프로그램들이 있다. 바로 Mnet의 〈음악의 신2〉와 〈쇼미더머니5〉이다. 대놓고 B급을 표방하는 〈음악의 신2〉은 페이크 다큐멘터리를 기본설정으로 삼고, 이상민을 비롯한 다수의 출연자들이 본인 스스로를 연기한다. 분명 대본이 있지만 마치 대본이 없는 것처럼 설정해 놓은 상황들이 웃음을 유발시킨다. 출연자들은 자기 자신을 연기하지만, 시청자들도 이 모든 것이 연출된 상황임을 느끼게 만듦으로써 실제와 허구의 경계에서 웃음을 유발한다. 이는 브레히트의 낯설게하기 효과와 같은 맥락인데, 실제 상황 같은 설정이 오히려 시청자들의 완전한 몰입을 방해함으로써 현실 풍자적 웃음을 유발한다.

한국 대중음악계의 거대 공룡으로 인정받고 있는 흑인 음악 힙합도 마찬가지이다. 발생 당시에는 주류음악의 하위문화쯤으로 인식되며 대중적인 인기를 끌지 못한 것이 사실이다. 힙합은 1970년대 후반 뉴욕 할렘가의 흑인이나 스페인계 청소년들에 의해 형성된 새로운 문화운동 전반으로 "엉덩이를 흔들다"가 그 어원이었을 만큼 주류 문화에서 인정받지 못하는 문화였다. 하지만 현재 힙합 장르는 대한민국은 물론 전 세계 음악 시장의 판도를 뒤바꾸며 단순한 하위문화가 아닌 문화 전반을 이끄는 아이콘으로 입지를 굳히고 있다.

이렇듯, 주류 문화보다 저급한 하위문화로 인식되던 B급 코드가 이제는 대중문화 전면에 자리 잡으면서 새로운 문화 트렌드를 선도하고 있다. 이는 단순히 A급, B급으로 판가름되던 문화의 등급이 아닌 문화의 새로운 장르로 인정받고 있다는 점에서 그 의미를 찾을 수 있다. 물론 저예산, B급 영화를 그 어원으로 삼고 있지만 이제는 대중문화 시장 전체를 좌우하는 하나의 트렌드가 되었다는 점이 인상적이다. 그러한 의미에서 B급 코드는 더 이상 문화의 등급을 나누는 기준이 아님을 알 수 있다.

B급 문화는 단순히 B급 영화의 저예산의 질적 수준이 낮은 대용품적 이미지가 아니고 키치의 천박하고 부도덕의 산물도 아니며, 하위문화에서의 지배적인 가치와 윤리로부터 배격 된 것 또한 아니다. B급 문화는 단순

히 조악, 싸구려, 코믹하고 우스꽝스러운 비주류의 산물이 아닌 현재성, 실험정신, 새로움, 변화에의 투신 그리고 기발함을 가진 통합체로 정의내릴 수 있다. B급 문화는 어원상 위 세 가지 정의B movie, 키치, 하위 청소년문화에서 의미 분화 되었지만 세 가지 개념의 조합이 아닌 현대 사회의 새로운 문화 코드로 재탄생하고 있다. 저예산이라는 태생적인 배경을 가지고, A급에 대한 긴장이나 경쟁의식 없이 독특한 자신만의 세계를 구축하면서 대중에게 다가선다는 점에서도 그 의미는 남다르다.

기성질서에 저항하고 새로운 영역에 도전한다는 점에서 창의적인 문화로 재평가되고 있는 B급 코드는 이제 단순히 반항의 아이콘을 대표하지 않는다. 질서에 대한 해방 정신이 B급 코드의 문화적 핵심 요소는 될 수 있지만, 이제는 그 어떤 문화코드보다 더 대중적인 형식으로 사람들의 마음을 사로잡고 있다. 비록 아래로부터의 예술로, 또 그 단어가 주는 묘한 부정성이 B급 코드가 여전히 해결해야 할 과제이지만 이제는 당당한 하나의 문화 코드로 대한민국 문화계 전반의 변화를 주도하고 있다.

인디음악이 대중문화의
중심에 서는 순간

◆

문화가 정치성, 이데올로기, 사회상의 변화와 불가분의 관계를 이루고 있다는 것은 주지해야할 사실이다. 고급예술이 문화를 이끌던 시대는 가고 대중예술이 문화를 주도하는 시대가 도래하면서 이러한 현상은 더욱 두드러지고 있다. 다수의 의견은 사회상을 반영하고, 대중이 문화를 주도하면서 문화는 더욱 다양한 양상으로 진화하고 있다. 문화적 행위를 통해 우회적으로 현 세태를 풍자하는가 하면, 대중적 행동으로 사회 변혁을 이끌기도 한다. 기술 복제가 일어나기 이전 시대의 경우, 예술이 고급문화를 대표하고, 귀족의 문화를 주도했다면, 기술이 문화의 대중화를 이끌면서 대중문화는 주류 문화의 중심에 서고 있다. 하지만 인간에게는 언제나 "특별함", "나만의"같은 개인적 욕망이 도사리고 있다. 이러한 욕망은 대중문화의 다양한 하위 장르를 만들어 내었다.

인디문화, 키치문화, 복고문화 등 대중문화의 키워드는 날로 진화하고 있다. 문화가 소비재가 된 현대 사회에서 키치화 현상은 사회·문화적 상호

작용 속에서 구체적인 산물로써 발전하였다. 또 인디음악, 인디문화는 자본에 종속된 기성문화 시장을 거부하고 창의적이고 실험적인 음악 활동을 펼치는 것으로, 독립적인 문화 활동을 하는 부류를 일컫는다. 국내에서는 홍대, 이태원을 중심으로 활동하는, 밴드 음악을 하는 음악가들이 주를 이루고 그들은 하나의 문화를 형성하여 젊은 세대들에게 많은 영향을 미치고 있다. 어쩌면 반항의 하위문화는 예술과 대립되는 개념일지 모르지만, 이제는 하위문화도 대중문화로 통용되면서 그 규모가 확대되었다. 이는 문화산업의 새로운 특성을 보여주는 것이라 할 수 있다.

최근 발생한 국내 대중문화 시장의 변화는 인디 음악, 인디문화의 주류화라는 새로운 변화를 이끌 내었다. 밴드 혁오는 인디신에 혜성처럼 등장하여 이제는 명실상부 대중 음악의 아이콘이 되었다. 몇 년 전만해도 밴드 혁오는 대중적인 인지도가 거의 없는 소위 '듣보들도 보도 못한'인디밴드였다. 하지만 이제는 음원 줄세우기는 물론 홍대 공연도 매진 행렬을 기록하며 그 인기를 이어가고 있다. 이들이 이러한 대중적 인기와 인지도를 갖게 된 이유는 무엇일까? 바로 대중적으로 가장 큰 영향력을 미치고 있는 MBC 〈무한도전〉에 출연하면서부터이다. 데뷔 후 줄곧 홍대, 이태원의 소수 마니아층에 의해서만 음악 활동을 지속하던 언더그라운드 밴드가 타고난 기획자를 만나 음악 활동에 날개를 달았다. 인디음악이 대중음악 산업의 핵심으로 급부상하게 된 것이다. 인디 음악이라는 장르에 구애 받지 않고 하위 장르도 대중적 소구력을 갖춘 하나의 주류 문화로 성장할 수 있다는 것을 보여준 단적인 예가 되었다.

이제 국내의 대중문화산업은 장르에 국한되지 않고 다양한 방식으로 변화·발전하고 있다. 최근까지도 아이돌 음악과 대형기획사가 대중음악 시장을 장악하던 시대가 계속되고 있었다. 하지만 대중문화는 계속해서 차별화를 시도하고 있다. 개인의 의견도 다양한 방식으로 소통 가능하게 되면서 '나만의' 문화가 '우리'의 문화로 옮겨가고 있는 것이다. 소수의 문화도 주류의 문화로 변화되고 있는 지금, 이제는 더 이상 고급문화와 대중문화, 하위문화의 장르 구분도 의미가 없어지고 있다. 비록 문화산업이라는 경제 논리에 입각해 예술이 하나의 산업으로 변질되고 있다는 비판을 받기도 하지만, 산업적 영향력 또한 하나의 대중문화 현상으로 인정받고 성장하는 시대가 오고 있다.

이제 새로운 음악을 라디오를 통해서만 알아가던 시대는 지났다. 직접 찾아 듣는 것은 물론 산업적으로 영향력을 가진 기획자들이 새로운 문화를 이끌 수 있게 되었다. 산업이 곧 대중문화가 되고 있는 셈이다. 문화산업은 계속해서 진화하고, 변화하는 문화산업의 경계 속에 우리는 또 새로운 문화를 창출할 수 있다. 어쩌면 영원한 주류문화는 없다. 하위문화, 인디문화가 주류문화가 되고 있는 시대의 자화상처럼 말이다.

이케아 세대를 위한 예능 프로그램?
현실과의 괴리감만...

현재 힘든 삶을 살고 있는 청년들을 비유하는 신조어가 넘쳐나고 있다. 몇해 전 〈이케아 세대, 그들의 역습이 시작된다〉는 도서가 출간되면서, 이케아 세대라는 신조어가 하나 더 추가되었다. 이케아 세대는 뛰어난 스펙을 가지고 있으면서도 낮은 급여와 고용 불안에 시달리는 현대의 젊은 세대를 일컫는 말로, 저렴하고 내구성이 약하지만 단기적 만족을 주는 이케아 가구의 특징을 빗대어 생긴 신조어다. 불안한 현실을 살고 있는 청년들을 빗대는 신조어는 점점 늘어만 가는데, 뚜렷한 대책은 없어 보인다. 단군 이래 최고의 스펙을 가지고 있다는 청년들은 여전히 새로운 스펙 추가를 위해 고군분투하고 있지만 현실은 삼포(연애, 결혼, 출산 포기)의 삶이다.

이러한 청년들의 삶의 모습을 위로(?)라도 하듯, 대중문화의 예능 프로그램에서는 젊은 남녀의 연애를 소재로 한 프로그램이 붐을 일으켰다. 일상성을 소재로 한 리얼 버라이어티나, 연애 담론 형식의 토크쇼, 가상의 연애, 심지어 연애 시뮬레이션 게임까지 등장했다. 이러한 예능 프로그램들은 현실을 완전히 벗어나 있거나, 혹은 현실을 너무 희화화하여 보는 이들의 마음을 씁쓸하게 만들었다.

특히 한 예능 프로그램은 첫 선을 보이자마자 선정성 논란에 큰 곤욕을 치러야 했다. 종편의 한 연애 토크쇼가 큰 성공을 거둔 이후, 연애, 사랑, 19금 토크 소재의 예능들이 줄을 잇고 있다. 물론 포맷과 소재, 내용에는 많은 차이를 보이지만 큰 주제는 비슷하다. 사랑과 연애에 대한 담론과 남녀 심리 파악이다. 하지만 사랑이라는 이름하에 선정적이고 작위적인 내용을 선보이거나, 그들이 제시한 연애의 방식이 마치 진리인 것처럼 분위기를 몰아가는 경우도 있다. 2000년대 초반부터 꾸준히 방송되어 온 연애·사랑 관련 예능 프로그램이지만 시간이 지날수록 재미를 가장한 선정성으로 이슈화 경쟁에만 열을 올리고 있다.

이러한 예능프로그램은 TV를 통해 대리만족하거나, 몰랐던 남녀의 심리를 파악하고 연예인들 또는 다른 사람의 연애를 바라보며 재미와 교훈을 느끼는 등 순기능적 역할도 어느 정도하고 있다. 하지만 극적 상황 연출과 현실의 희화화를 통해 현실과의 괴리를 키우는 것이 가장 큰 문제이다. 가상연애 시뮬레이션을 펼치는 한 예능프로그램의 경우, 남자 MC와 패널들이 가상연애 시뮬레이션을 통해 여성의 심리를 파악한다. 하지만 이 프로그램은 제작의도부터 석연치 않아 씁쓸한 뒷맛을 남기고 있다. 카카오톡으로만 사귄다는 10대부터 연애와 결혼을 하지 않는 2030 세대까지 사랑을 포기한 젊은이들에게 새로운 연애 패러다임을 제시하겠다는 기획의도는 도대체 무엇을 말하고자 하는지 의문스럽다. 힘든 청년들의 현실 도피를 위해 가상 연애 시뮬레이션이라도 새롭게 제시하겠다는 말인가?

방송에 반드시 공익이 들어가야 하는 것도 아니고, 예능에서 의미나 교훈을 찾아야만 한다는 것은 아니다. 하지만 최소한 "도대체 왜?"라는 의문이 남지는 않아야 할 것이고, 프로그램을 보며 재미와 감동을 느낄 수 있는 최소한의 장치는 마련되어야 하지 않을까? 높은 시청률에 급급하여, 또 청년들의 삶을 다른 시각으로 바라본다는 명목 하에 그들에게 또 다른 종류의 상처를 주고 있는 것은 아닌지, 곰곰이 생각해 보아야 할 것이다. 가상이라는 새로운 연애 패러다임을 제시한다고 해서 현실세계를 외면할 수는 없다. 가상을 통해 배울 점도 있겠지만, 그들이 말하는 '병맛'코드는 현실을 살아가고 있는 청년들에게 무의미한 '가상'만 남겨주고 있다.

'히트'상품, '킬러콘텐츠'인가?
'킬링콘텐츠'인가?

◆

스핀오프 프로그램이 한국 예능을 장악하였다. 종편과 케이블 방송 등에서 시즌제 제작이 가능해지면서 성공한 예능들 사이에 스핀오프 현상이 두드러졌다. 대중문화에서 스핀오프란? 성공한 콘텐츠영화, 드라마, 예능 프로그램 등의 파생작으로 이해할 수 있다. 후속편과는 그 의미가 다른데, 본편과 연관성은 있지만 이야기의 중심소재나 관점을 바꾸어 전혀 새로운 이야기를 만드는 것이다. 본편과는 공통점이나 유사성을 가지고 있어, 새로운 콘텐츠에 대한 이질감이 없어 대중들이 내용을 빠르게 흡수한다는 장점이 있다.

현재 케이블에서 대표적으로 활약하고 있는 나영석PD의 경우 스핀오프의 형태로 '꽃보다 시리즈', 〈삼시세끼 시리즈〉를 선보여 큰 성공을 거두었다. 케드케이블드라마 열풍을 몰고 온 tvN의 〈미생〉은 그 인기에 힘입어 〈미생물〉을, 종편 Jtbc 에서는 〈비정상회담〉의 스핀오프격인 〈내 친구의 집은 어디인가?〉가 방송되며 큰 사랑을 받았다. 이 스핀오프의 공통점은 소위 대박작품인 '킬러콘텐츠'에서만 일어나는 현상이라는 점이다. 대박작품의 열기를 그대로 끌고 가고 싶은 제작자들의 새로운 시도이긴 하지만, 새로운 콘텐츠의 제작보다는 인기 시류에 편승하려는 시도라는 불만 섞인 목소리가 나오기도 한다. 이러한 추세는 영화, 드라마, 그리고 해외시리즈물에서는 이미 다양하게 시도되고 있었으나, 국내에서는 시즌제 제작이 가능해지면서 자연스럽게 나타나기 시작한 사례이다.

스핀오프라는 이름으로 새로운 시도가 펼쳐지고는 있지만, 대중들에게는 친숙함보다는 익숙함에서 오는 진부함을 느낀다는 평가도 적지 않다. 같은 포맷, 또는 같은 출연진의 반복적 출연은 신선함을 주지 못하고 있고, 기대되는 재미와 감동도 반감될 수밖에 없다. 〈꽃보다 할배 in 그리스〉도 전작 '꽃보다 시리즈'의 인기에 힘입어 무난한 출발을 보였는데, 히든카드인 최지우의 등장에 대한 의견이 분분하였다. 할배들의 청춘 여행이라는 원래의 기획의도가 사라진 것이 아니냐는 비난이 쏟아졌다. 이서진, 최지우 두 톱배우의 케미와 연애분위기에만 초점이 맞추어져 할배들의 진솔한 여행이라는 본래 의미가 점점 퇴색되었다는 평가이다. 이는 진부함을 탈피하기 위해 같은 포맷에 추가적인 옵션을 가미한 형태라 시청률과는 별개로 대중들이 전작만큼의 큰 감흥은 느끼지 못하는 것이다.

이러한 '킬러콘텐츠'가 더 이상 오랜 여운 같은 즐거움이 되지 않는 이유는 또 하나 있다. 정치권에서 문화콘텐츠의 인기에 편승하여 정치 선전에 예능을 잘못 이용하고있기 때문이다. 지난 정부 고용노동부에서는 노동시장개혁의 일환으로 비정규직 기간을 2년에서 4년으로 연장해야한다는 비정규직 종합대책안을 광고하였다. 이 광고에 선풍적 인기를 얻은 드라마 〈미생〉의 '장그래'역을 맡은 '임시완'이 등장하여 큰 논란이 되었다. 장그래가 드라마 〈미생〉에서 맡은 캐릭터가 무엇이었는지, 그 캐릭터가 왜 이토록 뜨거운 열풍을 몰고 왔는지 알았다면 아이러니한 섭외는 이루어지지 않았을 것이다. 이렇듯 단순히 '히트 상품'이라는 의미에만 초점을 맞추어 상품을 무한 재생산한다면 '킬러콘텐츠'는 '킬링콘텐츠'가 되고 말 것이다.

하나의 잘 만들어진 문화콘텐츠가 다양한 스펙트럼으로 변주되며 새로운 히트사례를 만들 수 있다. 이는 우리 문화콘텐츠 시장을 확대시키는 원동력이 될 것이다. 하지만 '히트'아이템의 무한반복은 대중들에게 식상함과 피로감을 동시에 던져줄 수 있다. 또한 정확한 의미나 콘텐츠의 가치는 간과한 채 '킬러콘텐츠'의 무분별한 돌려막기는 또 다른 문제점을 낳을 수 있다. 따라서 '킬러콘텐츠'가 진정한 히트상품으로 남을 수 있도록 제작자와 대중 모두 세심한 노력이 필요한 시점이다.

냉장고 주인들은
왜 분노받이가 되어야 하나?

◆

　지난해 한국을 강타한 수저론은 우리나라 청년들의 삶을 더욱 힘 빠지게 만들었다. 수저론은 아무리 노력해도 잡히지 않는 꿈과 유리천장에 부딪히는 청년들에게 씁쓸한 현실을 증명해주는 말처럼 다가온다. 수저론에 따르면 부모의 사회적 지위와 재산이 그 자식 세대로 그대로 세습된다. 개인의 노력과 능력보다는 부가 세습을 통해 이루어지는 현실이 마치 한국판 카스트 제도를 연상시키는 듯하다. 보이지 않는 계층의 구분은 청년들의 삶의 의지까지 꺾어버리고 있다. 20대 정년퇴직도 이루어지는 현실 속에서 헬조선이라는 씁쓸한 유행어는 우리의 현실을 그대로 반영하고 있다.

　언론에서 수저론이 부각되어 미디어에 끊임없이 노출되다보니 사람들의 불안과 분노도 한층 높아지는 모양새다. '어차피 안 될 것'이라는 허무주의는 물론, 불안한 미래에 사주·타로 등에 빠진 젊은이들도 점점 늘어나고 있다. 침체된 경기에 미래가 불안해진 젊은층의 발걸음은 철학관, 사주까페로 향한다. 또 크게는 분노를 조절하지 못하는 분노 조절 장애에서부터

작게는 불특정 다수를 향한 악플 세례까지 스트레스를 해소하는 방법 또한 사회적 문제가 되고 있다. 하지만 이보다 더 심각한 문제는 개인의 분노가 연예인·유명인들에 대한 무분별한 악플과 인신공격 양상으로 번지고 있다는 것이다. 날씨 기사에 의미 없는 남녀의 성 대결, 연예인의 일상 기사에 대한 무분별한 언어폭력 등 그 문제는 날로 심각해지는 추세이다.

jtbc 〈냉장고를 부탁해〉는 2015년 미디어를 강타했다. 10인의 셰프의 음식을 구경 할 수 있는 재미와 연예인의 사생활을 훔쳐보는 듯한 희열이 대중들에게 큰 재미를 선사했다. 인피니트 성규, 하석진 등 남자 연예인의 냉장고는 위생과는 거리가 먼 인간적인 모습으로 큰 열광을 받았다. 또 GD나 박찬호, 강수진 등 사생활 노출을 꺼려하는 유명인들의 냉장고 속 진귀한 식재료는 다채로운 볼거리를 제공하며 큰 인기를 끌었다. 하지만 재미와 유익함을 고루 갖춰 열풍을 일으킨 〈냉장고를 부탁해〉가 네티즌들의 이유 없는 뭇매를 맞은 사례가 있다. 이하늬, 최정윤의 냉장고가 그것인데, 이는 당사자들 입장에서는 조금은 당혹스러울 수 있는 비난 여론이 형성되었다.

스타들의 냉장고를 훔쳐보는 듯한 느낌은 대중들에게 묘한 희열을 선사한다. 또 나와는 다른 삶을 살고 있는 타인, 그리고 그의 냉장고에 대해 여러 가지 감정을 느낄 수도 있다. 하지만 회를 거듭할수록 훔쳐보는 재미보다는 시청자들이 체감하는 현실적 괴리감이 커지면서 이 괴리감은 냉장고 주인에 대한 불만으로 이어졌다. 그 불만은 개연성 없는 인성 논란으로까지 이어지며 이하늬, 최정윤 등은 악플러들의 공격의 대상이 되어야만 했다. 이유야 어찌되었든 그녀들의 "평가 아닌 평가"가 셰프들을 당혹스럽게 만들었다면 문제가 될 수 있다. 하지만 스튜디오 녹화 당사자들은 느끼지 못한 실체 없는 충돌은 아무렇지 않았던 대중들까지 색안경을 끼게 만들었다. 도 넘은 악플은 아무런 제약도 규칙도 없이 빠르게 여론을 형성하는데, 의도치 않은 논란의 중심에 서게 된 냉장고 주인들은 이유 없는 공격의 대상이 되고 말았다.

문화인류학자인 조한혜정 연세대 명예교수는 이러한 현상을 두고 "개인이 가진 불만을 애매한 약자에게 화풀이하는 것이 보편적 현상이 된 것"이라고 진단했다. 연예인을 약자라 할 수는 없지만 어찌 보면 부분별한 공격을 감내해야 하는 위치임은 분명하다. 각박한 사회에 만연해 있는 삶에 대한 불만이 엉뚱한 곳에서 터져나오고 있는 것이다. 또 한편으로는 개인의 불만이 이제 더 이상 개인만의 문제가 아닐 수 있다는 것을 증명하기도 한다.

하지만 삶이 아무리 힘들어도 삶에는 자신만의 의미와 가치가 있다. 내 삶이 힘들다고 해서 다른 사람을 비난하고 깎아내릴 권한도 없다. 연예인이 대중의 관심을 받고 살아가는 존재라고 해서 대중들의 무차별 공격을 다 받아내야 할 이유 또한 없는 것이다. 그들도 사람이고 도를 넘는 비난에 상처받는 보통 사람들이다. 나와 다른 삶, 미디어 속에서 삶의 괴리를 느끼는 대중들에게 분노는 발생할 수 있다. 하지만 그 표출 수단이 사회적 문제를 일으키는 수준으로 발전해서는 안 된다. 특정 태도에 대한 정당한 비난과 평가는 반드시 필요하다. 하지만 내 삶과 다르다고 해서 단순히 한 사람을 화풀이 대상으로 전락시키는 행태는 지양해야 할 것이다.

미디어의 영향력이 높아지면서 대중들의 심리는 미디어가 만들어내는 관점에 쉽게 좌우된다. 모든 미디어는 우리 인간 감각의 확장이라고 하지만 이 감각이 개개인의 인식과 경험을 형성하는데도 상당한 영향을 미친다. 어쩌면 테크놀로지가 새로운 인간환경을 조성하고 있는데 비해 우리의 정신은 그 속도를 따라가지 못하고 있는 것일지 모른다. 성숙한 미디어 수용과 올바른 인터넷 문화 조성은 그래서 중요하다. 하지만 그보다 더욱 중요한 것은 방송, 인터넷 미디어의 올바른 여론 형성이다. 기사는 클릭수 전쟁이라 했던가? 그 의미 없는 클릭 전쟁에 죄 없는 희생양이 되고 있는 불특정 다수는 계속해서 고통 받을 수밖에 없다. 따라서 여론을 형성하는 미디어도, 이 여론에 의견을 개진하는 대중들도 삶에서 가장 중요한 가치가 무엇인지 한번쯤은 다시 생각해봐야 할 시점이다.

본분 올림픽?
미디어가 부추기는 폭력적인 시선

✦

설 연휴기간 동안 다양한 파일럿 프로그램들이 안방극장을 찾았다. 짧은 시간 시청자들에게 프로그램을 평가받는 기회인만큼 신선하고 재미있는 기획들이 시선을 사로잡았다. 몇몇 프로그램은 정규 편성에 청신호를 쏘아 올리며 화제성, 내용면에서 좋은 평가를 받았다. 하지만 다른 몇몇은 프로그램의 질보다는 선정성, 가학성에 초점을 맞추어 시청자들의 뭇매를 맞았다. 자극적인 콘텐츠는 폭력적인 시선을 담고 있었으며 이는 시청자들의 관심몰이에만 급급한 형태였다. KBS의 〈본분 올림픽〉은 공영 방송의 위치를 망각한 체 시청률에만 혈안이 된 프로그램이었다. 여성 아이돌을 향한 삐뚤어진 시각을 그대로 담아내 씁쓸한 뒷맛을 남겼다.

KBS의 〈본분 올림픽〉은 방송 직후 SNS와 시청자 게시판에 비난이 폭주하였다. 아이돌의 본분이라는 미명하에 다분히 선정적이고 폭력적이며 의미없기까지한 실험과 몰카가 계속 되었다. 여자 아이돌의 인권은 마치 프로그램PD의 몫인 양 철저히 무너졌다. 무허가 테스트를 콘셉으로 내세우고 아이돌을 특정 상황에 내몰아 몰래카메라를 찍었다. 의도적으로 만들어진 상황에 희롱거리로 전락한 여자 아이돌들은 거침없이 망가졌다. 이를 보며 웃으며 조롱하는 MC들의 멘트는 시청자들의 눈살을 찌푸리게 하였다. 공포의 상황에서도 웃어야 하는 것이 아이돌의 본분이라 주장하는 방송에서 강자가 약자를 괴롭히는 폭력적인 시선까지 느껴졌다.

방송사의 시청률 전쟁이 만들어낸 참혹한 현실이다. 하지만 아무리 시청률이 방송사의 살림을 책임지는 중요한 지표라지만, 미디어는 정작 자신들의 본분은 망각하고 있다. 재미와 웃음을 위해 여자 아이돌을 망가뜨리는 것은 폭력을 넘어 가학적이기까지 했다. 시청률 전쟁의 희생양이 된 여자 아이돌들의 모습에서 많은 시청자들이 안타까움을 느낀 것도 이 때문이다. kbs는 "즐거운 분위기의 촬영이었다"며 적극 해명하였지만 그들이 만들어 낸 웃음은 다시는 꺼내 보고 싶지 않은 씁쓸한 것이었다.

마샬 맥루한은 〈미디어의 이해〉에서 모든 미디어란 부주의한 사람들에게 기성 개념을 주입해 버리는 힘을 갖고 있다고 평가하였다. "본분 올림픽"의 삐뚤어진 기성 개념을 아무런 여과 없이 받아들이는 것은 판단이 미숙한 어린이와 청소년일 수 있다. 미디어의 접촉은 그만큼 사람들에게 직접적인 영향력을 미치고 있으며 그 효과도 강력하다. 그럼에도 불구하고 어떠한 책임의식도 갖지 않은 체 웃음을 팔고 있는 방송은 자라나는 학생들을 향해 어두운 마수를 뻗치고 있다.

예능의 끝은 다큐멘터리라고 했던가? 설 연휴 큰 화제를 모은 MBC의 〈미래일기〉가 시청자들에게 전해준 메시지는 강력했다. 웃음을 팔기 위한 억지 개그 코드가 아닌 잔잔한 웃음과 감동을 동시에 선사하며 시청자들의 눈길을 사로잡았다. 〈미래일기〉는 다큐멘터리를 방불케 할 만큼 진지했지만 그 속에서 새어나오는 진한 감동은 시청자들을 울고 웃겼다. 여자 아이돌의 본분을 운운하며 가공한 웃음이 아닌 마음에서 우러나오는 진정한 웃음은 시청자들에게 강력한 메시지를 전달하였다. 미디어가 만드는 세상을 바라보는 시선. 그것은 콘텐츠 제작자들이 잊지 말아야 할 책임의식의 일부분이다.

〈꽃보다 청춘〉 착함의 딜레마?
변화 없는 포맷은 외면 받을 수밖에

◆

시청률 양극화 현상은 비단 어제 오늘만의 일은 아니다. 때문에 시청률 전쟁에서 살아남기 위한 방송사의 고군분투는 치열하다. 종편과 케이블 등 채널까지 늘어나면서 지상파 방송들의 고민은 더욱 깊어지고 있다. 공중파 3사만의 경쟁에서도 벗어날 수 없었던 시청률의 압박을 이제는 더 많은 채널과 경쟁해야 하기 때문이다.

시청률 전쟁에서 승리한다는 것은 많은 것을 의미한다. 광고 수익과 판권 판매, 대중문화를 좌지우지할 화제성까지 따라온다. 또 제작사가 방송사의 편성권을 경쟁해야 하는 만큼 시청률에 대한 책임의식도 철저하다. 때문에 어떻게 해서든 재미있는 소재와 흥미를 끌만한 요소로 시청자들의 환심을 사야한다. 하지만 시청자들의 환심을 사는 것은 생각보다 쉽지 않다. 다채널 뉴 미디어 시대에 TV와 멀어진 대중을 붙잡을 수 있는 단 한 가지 요건은 재미이다. 때문인지 막장 드라마, 가학적 파일럿 예능, 선정적 주말 예능까지 재미를 위한 욕하며 보는 프로그램들이 방송가를 장악하고 있다.

　욕은 하지만 끊을 수 없는 막장 프로그램만의 특징은 시청자들의 시선을 사로잡는다. 하지만 프로그램의 막장성이 심해질수록 이에 대한 반감과 거부감, 개선 필요성에 대한 논의도 끊임없이 제기된다. 때문에 막장과 착함 사이의 딜레마에 빠질 수밖에 없다는 방송사들의 볼멘 항변은 시청자들을 당혹스럽게 한다. 과연 착한 프로그램에 대한 시청자들의 외면이 방송 프로그램의 질적 저하의 주요 원인이라 할 수 있을까? 오히려 방송 제작자들의 자기복제식 프로그램 찍어내기가 고질적 문제를 계속 키워내고 있는 것은 아닐까?

　tvN 〈꽃보다 청춘- 아프리카〉편은 첫 회 12.4%라는 역대 최고 시청률을 기록하며 쾌조의 시작을 알렸다. 응팔(응답하라 1988)의 인기 주역들이 한자리에 모여서 그 인기는 지속될 듯하였다. 하지만 한순간에 출연자들의 매너 논란에 휩싸이더니 마지막 방송에서는 6%대의 반 토막 시청률을 기록하며 씁쓸한 막을 내렸다. 사실 "꽃청춘"의 인기 하락세는 매너 논란과는 별개의 문제였다. 오히려 출연자들의 "착함"이 방송의 매력도를 떨어뜨렸다는 것이 중론이었다. 여행에서 아무런 갈등도 문제도 없이 그저 착한 모습만을 선보인 출연자들에게 시청자들이 금세 식상함을 느꼈다는 것이다. 하지만 그 식상함이 그저 출연진들의 착함에서 출발한 것인지는 한 번 더 생각해 봐야 할 문제이다.

　"꽃청춘"인기 하락세의 가장 주된 원인은 제작진의 게으름에서 비롯되었다 고해도 과언이 아니다. 인기에 편승한 캐스팅, 포맷의 변화 없이 일정하게 이어지는 패턴, 감동을 위한 자막의 남발 등 그동안의 문제가 한꺼번에 나타난 것이다. 제작진을 향한 시청자들의 호감과 모종의 의리가 그동안의 인기를 지속시켜 준 것에 불과하다. 착함의 딜레마에 빠졌다고 이야기한다면 그것은 제작진의 핑계에 불구하다. 리얼리티 예능은 출연진의 자발성에 의해 완성되는 작품인 만큼 이 또한 제작진의 계산이 필요했던 지점이다. 이를 생각하지 못하였다면 안전한 선택만을 지속한 제작진들의 책임이다.

　시청자들은 재미에 반응한다. 그 재미는 유쾌함, 짜릿함은 물론이고 참신성, 공익성까지 다양한 감성이 연결될 때 그 시너지 효과를 낸다. 단순히 아무생각 없이 웃고 떠들고 욕한다고 해서 시청자들이 그 프로그램을 찾는 것은 아니다. 시청률을 위해서라는 변명, 착하고 따뜻한 프로그램은 시청률이 나오지 않는다는 항변은 방송 관계자들의 책임 회피에 불과하다. 이제 그러한 변명에 수긍하기엔 시청자들의 가치판단은 너무 높아졌다. 시청률을 더욱 올리고 싶다고? 그렇다면 좀 더 시청자들의 목소리에 귀를 기울여 변화를 도모해야 할 것이다. 시청자들에게 요구되는 것은 방송을 향한 의리가 아니다. 하지만 제작진들에게 요구되는 것은 방송제작에 대한 사명감이다. 사명감이 사라졌을 때 시청자들은 그 프로그램을 외면 할 수밖에 없다. 이것은 착함과 막장의 딜레마가 아니다. 재미를 향한 시청자들의 필연적인 선택일 뿐.

시즌제와 스핀오프의 유혹,
시청자들이 견뎌야할 식상함은?

◆

이제는 누구나 언제 어디서든 원하는 콘텐츠를 쉽고 빠르게 접할 수 있다. 대중문화에서 기술 발달의 핵심은 콘텐츠의 접근성이 높아진다는 것에 있다. 때문에 대중들은 빠르고 정확한 반응에 익숙해졌고 그만큼 특정 콘텐츠에 대한 집중적인 관심도 떨어졌다. 1인 미디어의 발달은 이러한 현상을 더욱 부추겼다. 특정 이슈에 대한 정보 교류 시간이 크게 단축되었고, 하나의 콘텐츠에서만 재미와 여가, 정보를 찾던 시대도 지나버렸다. 이에 TV 프로그램은 가장 큰 타격을 받았다. 재미, 유익, 공익, 정보 등 어느 하나라도 충족시키지 못하는 프로그램은 시청자들의 외면을 받기 일쑤이다. 방송 프로그램의 전체 시청률은 점점 떨어지고 있지만 방송사들의 아이디어 경쟁은 더욱 치열해지는 이유도 이 때문이다. 지상파 방송사들은 그 돌파구로 시즌제의 도입을 주장하고 있다. 하지만 비지상파에서 실시되고 있는 시즌제와 스핀오프의 유혹은 오히려 시청자들에게는 식상함을 안겨주고 있다.

JTBC는 2013년부터 다양한 예능 프로그램을 크게 성공시키며 지상파를 위협하는 종편으로 큰 화제를 모았다. 또 케이블 채널 tvN은 나영석 PD 등 스타 PD의 영입과 연이은 시즌제 프로그램의 성공으로 시청자들의 큰 주목을 받았다. 하지만 2017년에 들어선 지금 상황이 조금 달라졌다. JTBC는 유재석, 강호동 등 지상파만 고수하던 콧대 높던 국민 MC 두 사람을 종편으로 영입하며 자신들의 입지를 굳히는 듯했다. 하지만 현재는 연이은 프로그램 폐지와 식상함으로 대중들의 뭇매를 맞고 있다. 프로그램의 폐지에는 복잡한 문제가 얽혀있겠지만 가장 주된 이유는 역시 시청자들의 외면이다.

JTBC는 〈비정상회담〉의 성공을 발판 삼아 스핀오프 프로그램 〈내 친구의 집은 어디인가?〉(이하 내친집)를 선보였다. 기존의 프로그램에서 파생된 작품이라는 뜻의 스핀오프는 〈비정상회담〉의 인기를 〈내친집〉으로 그대로 끌어왔다. 반응은 성공적이었다. 출연자들에 대한 애정과 익숙함은 시청자들에게 또 다른 즐거움을 안겨주었다. 하지만 JTBC는 〈내친집〉의 성공에 너무 자만한 것일까? 〈냉장고를 부탁해〉의 스핀오프격인 〈쿡가대표〉를 만들내며 시청자들의 원성을 사기 시작했다. 같은 출연자에 비슷한 콘셉트가 식상하다는 것이다. 재기발랄한 아이디어로 만들어낸 프로그램은 시청률이 높지 않다는 이유로 단시간에 폐지하면서 스핀오프와 시즌제로 안전만을 추구하는 모양새이다. tvN의 예능도 상황은 비슷하다. 시즌제라는 이름으로 같은 포맷과 비슷한 내용의 나PD식 프로그램들이 줄줄이 이어졌다. 급기야 시청자들을 위한 보답의 일환으로 시청자 세계 일주 프로젝트까지 펼쳐진다고 하자 시청자들의 반응은 싸늘해졌다.

시즌제, 스핀오프라는 달콤한 유혹이 오히려 시청자들에게는 식상함으로 다가오고 있다. 시즌제 형식으로 재정비의 시간을 갖는다고는 하지만 수반되는 변화는 그저 출연진의 교체이다. 또 스핀오프라는 이름으로 같은 출연자의 비슷한 리액션을 봐야하는 것도 결국 시청자들이 참아야 할 진부함이다. 그럼에도 불구하고 그 달콤한 형식의 도입에 비지상파들은 자축을 넘어 자만하는 분위기이다. 프로그램의 콘셉트라는 큰 틀 안에서 늘 변화를 보여주는 지상파 방송들의 노력이 오히려 가상하게 보일 지경이니 말이다.

식상함을 막으려다 오히려 시청자들을 완전히 잃을 위험도 있다. 새로운 콘텐츠들이 계속해서 빈자리를 채우는 상황에서 흐름이 끊어진 방송에 다시 애정을 갖는 것도 쉽지 않기 때문이다. 이는 자기복제에 빠져 변화를 시도하지 않는 방송 제작진들을 향한 시청자들의 경고와도 같다. 콘텐츠의 완성도를 이야기하며 시즌제와 스핀오프의 달콤함에 빠져있는 방송 제작자들. 같은 형식, 같은 포맷이 주는 진부함은 더 이상 달콤한 매력을 주지 못한다. 쿡방을 인공호흡 시키려는 노력보다는 재기발랄했던 참신한 기획에 조금 더 힘을 실어 주는 편이 나을 것이라는 이야기이다. 현재 시청자들의 화두가 콘텐츠의 시즌제나 스핀오프 등 제작 방향에 관한 것인만큼 그들의 눈높이는 한층 높아졌다. 그 시청자들의 눈높이를 맞추기 위한 선택이 과연 맞는 것인지 다시 한 번 생각해봐야 할 문제이다.

정치 선동으로 전락한 영화, 대중들은 피곤하다

◆

영화 〈밀정〉은 예상대로 추석 극장가를 휩쓸었다. 〈밀정〉은 1920년대 황옥 경부 사건이라는 실화를 바탕으로 의열단 독립투사들의 무장 독립 활동 전말을 스크린으로 옮겼다. 영화는 출연진과 내용만으로도 천만 관객을 점칠 수 있을 정도로 개봉 전부터 큰 화제를 모았다.

천만 영화의 가장 중요한 조건 중 하나는 바로 모든 연령층이 즐길 수 있는 내용이어야 한다는 점이다. 특히 모든 연령대를 아우를 수 있는 배우가 출연해 영화의 모객력을 높이고 소재에 대한 대중들의 사회적·역사적 공감도도 높아야 한다. 다시 말해 40대 가장이 10대 자녀와 부모님을 모시고 와서 볼만한 영화라면 천만 가능성도 높아진다는 이야기이다. 그러한 의미에서 일제 강점기 시대의 독립군 이야기는 위의 조건들을 충족하기에 부족함 없는 소재라 할 수 있다.

독립군 소재뿐만 아니라 다양한 역사적 사실들은 픽션의 옷을 입고 관객들을 만난다. 하지만 역사는 주관적 해석이라고 했던가? 역사적 사실 자체에도 주관적 해석이 붙는데, 픽션이 버무려진 역사 영화는 얼마나 많은 허구가 가미될까? 그래서인지 역사 소재 영화는 늘 정치 선동으로 활용된다. 2016년 개봉작 〈덕혜옹주〉와 〈인천상륙작전〉도 마찬가지이다. 이들 영화는 천만 관객을 달성하지는 못했지만 각각 530만, 700만을 넘기며 흥행하였다. 하지만 이 영화들에 대한 평가는 극명하게 갈렸다. 먼저 〈덕혜옹주〉는 대한제국의 마지막 황녀 이덕혜를 일제 치하의 굴욕에도 끝까지 자존심을 지켜낸 인물로 미화했으며, 사실을 왜곡했다는 논란이 일었다. 또 〈인천상륙작전〉의 경우, 맥아더 장군의 전기 영화 같다는 꼬리표와 더불어 이념 전쟁을 흑백 논리로 묘사해 일각에서는 과도한 민족주의를 조장한다는 비판을 받았다. 특히 영화를 정치적으로 선동하려는 사람들은 〈인천상륙작전〉을 KBS의 투자와 대대적인 홍보로 국가적 차원의 흥행을 만들어냈다고 지적 하였다.

물론 왜곡된 역사를 마치 진실처럼 제작한다면 그 자체로 대중들에게 악영향을 미칠 수 있다. 하지만 정치적 의도로 활용된 영화들은 오히려 역사 왜곡을 조장하는 모양새이다. 조장한 역사 왜곡으로 영화 관람 전부터 선입견을 심어주거나, 관람 자체를 막는 경우도 적지 않다.

모든 영화 예술을 역사적, 정치적 잣대로 평가할 수는 없는 노릇이다. 아무리 역사라는 소재로 영화를 제작했다고 하지만 영화는 영화만이 가지고 있는 허구성의 한계가 있다. 스크린으로 옮겨진 역사는 이미 새롭게 설정된 가치 판단이고, 역사 그 자체일 수 없다. 그러한 의미에서 정치적 의도로 활용된 영화는 이미 예술의 본질을 잃어버린 결과이다. 역사 영화의 진실성에 대한 논쟁 또한 영화 비평의 차원을 넘어선 논쟁일지 모르겠다.

역사적 사실은 어떤 관점에서 어떻게 바라보느냐에 따라 온도차는 극명

할 수밖에 없다. 또 흥행 영화에 대한 관객들의 의견과 평가가 다양한 것도 어쩌면 당연하다. 영화 속 역사의 진실성 여부를 어떻게 평가해야하는지에 대한 결론은 결국 영화를 보는 대중들 개개인의 몫이다. 무엇이 맞고, 무엇이 틀린지 정답은 존재하지 않는다.

영화 〈밀정〉처럼 친일파 청산에 대한 다양한 논란도 어떻게 해석하느냐에 따라 영웅 혹은 매국노가 되는 상황에서 이에 대한 평가는 대중들의 몫이다. 영화가 가장 대중적인 문화생활이 된 지금, 영화 감상까지도 정치적으로 이용된다면 대중들은 무엇으로 온전한 즐거움을 찾을 수 있을까? 그러한 의미에서 영화의 선택과 해석은 모두 관객들의 몫으로 남겨놓아야 한다. 정답을 이미 정해 놓고 봐야 할 영화, 봐서는 안 될 영화로 나누어 정치 활동을 벌이는 것은 지양해야 할 것이다.

가족 관찰 예능은
왜 불편한가?

2013년 첫 선을 보인 MBC 예능 〈아빠! 어디가?〉는 시청자들의 큰 사랑을 받았다. 〈아빠! 어디가?〉는 연예인 가족이 전면에 나선 예능프로그램이 많지 않았던 당시 화제성과 시청률을 동시에 잡으며 큰 인기를 누렸다. 특히 여느 가정처럼 바쁜 아빠와의 친밀도 쌓기, 더 나아가 관계 회복에 초점을 맞추면서 아버지와 자녀의 성장 스토리를 담았다. 베일에 가려있는 연예인 자녀를 보는 재미도 한 몫을 하며 다방면에서 큰 호평을 받은 작품이다. 〈아빠! 어디가?〉의 성공 이후, KBS와 SBS는 물론 종편과 케이블방송까지 다양한 형태의 가족 예능이 물밀 듯이 쏟아져 나왔다. 초기 가족 예능이 연예인 자녀에 국한되었다면, 이제는 배우자는 물론 장인, 장모, 시부모까지 출연자의 범위가 확대되었다.

가족 예능도 리얼버라이어티를 넘어 이제는 관찰 예능의 형식이 대다수를 차지한다. 관찰 예능도 출연자나 PD의 개입이 없는 완전 관찰형과 액자식 관찰 카메라로 나뉜다. 액자식 관찰카메라란, 관찰카메라를 또 다른 출연자 혹은 MC가 스튜디오에서 함께 보며 중계 형식으로 상황을 살펴보는 형태이다. SBS 〈미운우리새끼〉가 현재 화제작 중에서는 대표적인데, 결혼하지 않은 노총각들의 일상을 훔쳐보는 어머니들의 평가를 통해 재미를 주는 프로그램이다. 특히 최근 SBS는 자사 예능 프로그램의 대부분을 액자식 관찰 예능에 할애하고 있는데, 상당수의 내용이 연예인 가족의 일탈, 여행을 지켜보는 형태로 구성하고 있다. 문제는 이 가족 관찰 예능이 이제 더 이상 신선함을 주지 못한다는 점이다.

2013년부터 더 이상의 새로운 예능 형식은 없는 것처럼 가족 예능이 우후죽순 생겨났다. 연예인 가족에 대한 호기심, 일탈 행위라는 두 가지 필수 요소로 시청자들의 환심을 사려는 모양새이다. 지금까지 가족 예능의 실패 사례가 많지 않았던만큼 화제성과 초반 관심끌기에만 집중하고 있다. 또한 연예인 자녀들의 TV 출연은 그들의 연예계 진출의 발판이 된다는 공식이 세워지면서 시청자들의 불만은 가중되고 있다. 뿐만 아니라 연예인 배우자, 자녀들의 해외여행이나 체험 학습 등은 볼거리를 빙자한 PPL로 점철되어 있다. 호화로운 생활, 아빠와의 일반적이지 않은 추억 쌓기 등은 현실과의 괴리감만을 부각시켜 오히려 시청자들의 자괴감만 키운다는 분석이다.

이 뿐만이 아니라 어린 연예인 자녀들의 과도한 미디어 노출도 하나의 사회문제가 되고 있다. 특히 사회적 물의를 일으킨 연예인들의 자녀가 평범한 생활을 영위 할 수 없는 점, 이미 유명세를 탄 어린이들의 일거수일투족을 보여주는 미디어 역시 사회문제로 인식되고 있다. 가족 관찰 예능이 새로운 인물의 재발견이라는 의미에서 많은 시청자들에게 호기심을 줄 수는 있다. 하지만 똑같은 포맷, 비슷한 형식의 프로그램은 시청자들에게 식상함을 안겨주고 있다. 뿐만 아니라 이에 수반한 다양한 사회문제들을 간과

할 수 없는 만큼, 가족 관찰 예능에 대한 프로그램 제작자들의 더욱 신중한 고민과 성찰이 요구되는 때이다.

김생민의 스투핏에
열광하는 이유

◆

　연예가중계 터줏대감, 출발 비디오 여행 23년차 등 김생민을 향한 수식어는 성실 그 자체이다. 굵고 짧게 보다는 가늘고 길게 연예계 생명을 이어오고 있는 그에게 데뷔 25년만에 제1의 전성기가 찾아왔다. 늘 같은 자리에 있었던 그에게 대중들의 관심이 갑작스럽게 쏟아지고 있는 이유는 무엇일까?

　김생민은 최근 새로운 프로그램을 시작했다. 〈김생민의 영수증(이하 영수증)〉이다. 25년차 방송인 김생민이 자신의 이름을 내건 첫 번째 프로그램이다. 〈영수증〉은 송은이, 김숙의 팟캐스트에서 시작해 단독 팟캐스트를 진행 중이고, 그 인기에 힘입어 공중파까지 입성하였다. 프로그램의 구성은 간단하다. 시청자의 자기소개서와 구매 영수증을 살펴보고 김생민이 평가를 해주는 것이다. 단순한 포맷이지만 그간 김생민의 성실한 짠돌이(!) 이미지와 조금은 과장된 추임새가 대중들에게는 큰 반향을 일으켰다. 연예인 가족들의 방송출연, 공감대를 형성 할 수 없는 방송 프로그램에 지친 대중들이 자신의 삶을 공감해주는 김생민에 열광하고 있는 것이다. 그의 추임새 "그뤠잇Great"과 "스투핏Stupid"은 무분별한 소비생활의 각성제가 되고 있다는 반응이다.

YOLO욜로가 2017년 상반기 국내 대중들에게 잠시 붐을 일으키는 듯 했지만, 욜로에 공감하지 못하는 대중들이 더욱 많았던 것이 사실이다. 또 '욜로라이프'가 각광 받을수록 저축과 절약을 하는 내가 왠지 짠돌이같아 보이는 이상한 사회현상이 만들어지기도 했다. 이에 '욜로'할 수 없는 대다수 사람들에게 김생민은 익숙하지만 새로운 즐거움을 선사하였다. 물론 "빵은 사먹지 않는 것", "커피는 얻어 마시는 것"등 '김생민 어록'이 비난을 받기도 한다. 하지만 그의 총론은 불필요한 소비를 할 필요 없다는 일종의 제안임을 염두에 두어야 할 것이다.

최근 김생민이 출연한 〈라디오스타(이하 라스)〉논란도 비슷한 맥락이다. 김생민의 출연에 기대감을 가지고 〈라스〉를 시청했던 시청자들은 눈살을 찌푸리고 말았다. 함께 출연한 욜로 연예인들의 김생민을 무시하는 태도가 마치 절약하는 대중 전체를 조롱하는듯한 인상을 주었기 때문이다. 대중들이 김생민의 삶에 얼마나 공감과 감정이입을 하고 있는지 알 수 있는 대목이다. 이에 제작진과 김구라가 공식 사과를 하며 사태는 일단락 되었지만 달라진 김생민의 위상, 그보다 앞서 대중들이 원하는 콘텐츠가 무엇인지 확인할 수 있었다.

빚을 내서 집을 사라는 비정상적인 정책이, 내수 진작을 위해 돈은 많이 쓸수록 좋다는 어불성설이 대중들의 반감을 산 것일까? "돈을 아끼고 모으자!"는 〈영수증〉의 모토보다 우리가 주목해야 할 것은 프로그램의 치솟는 인기비결이다. 대중들의 삶이 팍팍해질수록 미디어의 위안과 공감 능력이 얼마나 중요한 부분인지 다시 한 번 생각 해볼 수 있다. 드라마 〈미생〉, 〈혼술남녀〉 등의 인기, 〈막돼먹은 영애씨〉의 10년을 이어온 사랑. 이 모든 것의 중심에는 역시 공감대 형성이었음을 많은 제작자들이 다시금 깨달아야 할 것이다. 단 15분의 예능이 일으킨 대중문화적 반향은 생각보다 강력하다.

제 3 장

영화로 보는
대중문화

역사가 남긴 상흔을 안고 살아가다, 〈5일의 마중〉, 그리고 〈1987〉

◆

    중국의 대표적 감독 장예모와 그의 뮤즈 공리가 영화 〈5일의 마중〉으로 부산국제영화제를 찾았다. 〈5일의 마중〉은 문화대혁명 시기 혼란했던 중국의 이야기를 담고 있는 시대극이다. 서사적인 스토리가 장예모의 손길을 거쳐 더욱 강하고 세련되게 표현되었다. 실제로 문화혁명시기를 살아온 감독의 시선이 영화에 그대로 반영되었다. 소품과 배우들의 분장 하나하나까지 시대적 상황에 맞게 디테일을 살렸다.

    영화는 문화대혁명이라는 시대적 아픔을 사실적이면서 담담하게 그려냈다. 중국의 문화대혁명은 모택동이 자신의 지위와 사상을 공고히하기 위해 실시한 사실상의 인민탄압이었다. 지식인과 당 체제 반대세력을 축출하기 위해 혁명을 가장해 탄압을 강행하였다. 당시 정상적인 교육기관은 제 기능을 하지 못하였고 약 20만명의 교수, 교사, 연구원 등의 지식인층이 박해를 받았다. 무고한 지식인들이 목숨을 잃거나 추방 혹은 고문을 당하였다. 〈5일의 마중〉 속 남자 주인공 루옌스는 혁명의 서슬퍼런 칼날의 희생양이

자 고통을 감내해야 할 지식인으로 분하였다. 우리나라의 7-80년대 연좌제처럼 딸 '단단'은 온갖 불이익을 당하고 아버지에 대한 분노와 불신으로 세상을 살아간다. 이것이 체제에 불응한 대가라는 것을 보여주기라도 하듯, 소녀의 꿈도 끊임없이 짓밟힌다.

영화는 문화대혁명이라는 시대적 소용돌이 속 한 가정의 이야기에 집중한다. 소용돌이치는 칼날에 단란했던 가정은 산산조각이 난다. 인간의 존엄성, 가족의 사랑은 당 체제를 향한 반동이자 사치일 뿐이다. 그 사치는 딸 '단단'이 아버지의 존재를 부정하게 하고, 아버지의 흔적을 지우고, 결국엔 공안에 아버지를 밀고하는 것조차 당연하게끔 만들어버린다.

영화 〈1987〉도 이와 비슷하다. 시대의 초상을 현 시점에서 반추하는 이 영화는 역사가 남긴 흔적을 떠안고 살아가야만 했던 사람들을 이야기한다. 역사의 중심에 섰던 인물과 그 주변인들의 파괴된 일상을 속속들이 그려내었다. 특정 인물이 주인공으로 분하지 않는, 당시 광장의 시민 모두가 주인공이 되는 독특한 구조를 가진 영화이다. 이는 누군가에게는 시대의 기록이지만, 또 다른 누군가에게는 파괴와 고통의 기억. 탄압과 혁명의 역사를 향한 날선 대립과 서로 다른 시각이 지금 현재까지 논란의 중심이 되고 있지만, 누군가에게는 여전히 역사가 아닌 현재 진행 중인 사건인 것만은 분명해 보인다.

무엇보다도 두 영화에서 발견할 수 있는 공통점은 하나이다. 개개인의 행동과 그로 인해 발생한 일련의 사건과 변화는 사회가 안정을 찾았을 때 그 책임을 회피한다는 것이다. 사회 때문에, 체제 때문에, 또 정부 때문이라고 말할 수 없는 피해자들의 아픔은 고스란히 개개인의 몫으로만 남겨졌다. 〈5일의 마중〉에서 가족보단 당의 충성을 위해 아버지의 존재를 부정했던 '단단'에게 남은 건 엄마의 쓰라린 냉대이다. 남편의 귀환만을 기다렸던 아내에게 찾아온 기억의 상실도, 20년간 가족과 떨어져 모진 고통을 당한 남편의 잃어버린 시간도 누구도 보상해주지 않는다. 역사가 남긴 쓰라린 상처를 그대로 안고 살아가야 할 사람들은 그들 자신인 것이다.

그럼에도 결국 그들에게 남은 것은 서로를 향한 애틋한 사랑이라고 이야기한다. "내가 잘못한 것만 기억 한다"는 딸 '단단'의 울부짖음도, 매월 5일 오지 않는 남편을 기다리기 위해 마중을 나가는 아내도, 그것을 옆에서 묵묵히 바라볼 수밖에 없는 남편도 사랑으로 모든 것을 감싸안는다. 또 〈1987〉 속 연희는 "그런다고 세상이 바뀌나요?"라고 따져 물으며 현실을 외면한다. 그럼에도 사랑하는 사람들이 다칠까봐 끝내 일어나 불의에 맞섰던 것처럼 서로를 향한 애틋한 마음만이 현실과 맞서 싸울수 있었던 힘이었음을 상기시켜주고 있다.

두 영화는 숨 막힐 듯한 긴장감으로 러닝타임을 가득 채운다. 시대의 아픔을 어루만져 주는 듯하면서도, 그 고통을 여전히 감내하며 살아가는 사람들의 모습을 그려낸다. 배우들의 긴장감 넘치는 교감, 절제된 연기, 그리고 그러한 감정을 천천히 따라가는 감독의 연출이 다른 듯 비슷한 감성을 선사하며 관객들의 마음을 울린다. 영화관을 가득채운 훌쩍임. 그 소리야말로 우리가 두 영화를 보면서 느낄 수 있었던 감정의 함축이 아닐까?

최고작품상 〈내부자들〉은
무엇을 말하고 싶었나

라면의 유행주기가 빨라지고 있다. 지난 겨울 국민 라면 신라면이 중화 풍라면의 인기에 잠시 주춤하더니 부대찌개면에 이어 감자탕면까지 새롭게 등장하여 대중들의 입맛을 사로잡고 있다. 새로운 맛이 주는 신선함이 국민라면의 익숙함을 잠시 위협하는 모양새이다. 또 싼 가격으로 즐기는 부대찌개, 육개장, 감자탕의 맛은 지갑이 가벼운 대중들의 마음을 사로잡았다. 특히 짬뽕라면은 일반 라면보다 굵은 면발과 칼칼한 매운맛이 씹는 맛과 얼큰함을 준다는 평가인데, 이는 팍팍한 세상에서 시원함과 얼큰함을 동시에 안겨주며 대중들이 라면으로부터 일종의 위안을 얻고 있는 것으로 풀이된다. 라면 하나에 무엇이 이리 감상적이냐고들 이야기 할 수 있지만 그만큼 서민들이 살아가는 세상이 팍팍하다는 것을 반증하는 결과이다.

서민들이 한 그릇의 라면으로 팍팍한 삶을 위안 받을 때 정치권에서는 국민들의 믿음을 산산이 무너뜨렸다. 연일 촛불의 열기가 대한민국을 뒤흔든 모습은 믿을 수 없는 상황에 대한 국민들의 분노이자 절규였다. 이에 따라 세태를 반영한 풍자 코미디가 방송가를 장악하고, 뉴스와 시사 프로그램의 시청률이 고공행진하였다. 또 사회 고발성 짙은 영화와 드라마가 다시 회자되며 대중들의 분노를 가중 시켰다. 제58회 청룡영화상에서는 현실보다 더 현실 같은 영화 〈내부자들〉이 최고 작품상과 남우주연상의 영예를 안았다. 수상소감에서 이병헌은 영화보다 더한 현실이 펼쳐지고 있는 정세에 대해 꼬집었고, 많은 대중들의 공감과 호응을 얻었다.

특히 문화계에서 이루어진 믿을 수 없는 전횡은 더 많은 대중들을 광화문으로 집결시켰다. 예능 프로그램과 영화의 사전 검열은 물론 사상, 내용, 캐스팅까지 정치권의 마수가 뻗지 않은 곳이 없었다. 입맛에 맞지 않는 내용, 정권에 대한 비판과 비난이 가해지면 가차 없는 복수의 칼날이 들어왔다. 미디어가 가장 경계해야 할 대중 세뇌를 위한 정치 폭압이 드러나면서 국민들은 그 어느 때보다 능동적으로 상황을 주시하였다. 이는 기존 정치에 대한 분노이자 시스템의 불공정성에 대한 분노이다. 현실이라는 고구마 전개에 대통령의 책임이라는 사이다를 요구하는 대중들의 행동은 이제 보수와 진보를 구분지을 수도 없는 것이다.

현실 같은 픽션에서 대중들이 희망적인 메시지를 발견하는 것은 영화는 영화일 뿐이라는 실낱같은 기대 때문이다. 하지만 영화라 믿고 싶은 잔인한 현실이 더 이상 영화는 영화일뿐이라는 명제조차 성립하지 않게 만들고 말았다. 그러한 의미에서 최고작품상 〈내부자들〉의 수상은 정치권에 대한 강력한 경고의 메시지로 풀이된다. 개봉 당시 오락성에 비해 너무 과장된 범죄 묘사가 현실과 동떨어진다는 평가를 받았다. 하지만 잔혹한 현실 앞에서 이제는 흥행과 내용·연기력은 물론 현실성까지 그대로 녹여냈다는 재평가를 받게 되었다. 우리 국민이 마주한 현실의 모습을 요약정리한 것 같은 영화에 씁쓸한 기분마저 든다. 어쩌면 영화와 현실 모두에는 완벽한 세상도 완전한 복수도 없을지 모르겠다. 정치권에 대한 국민들의 분노와 배신감은 그래서 사그라지지 않을 것 같다.

영화 〈라라랜드〉가
대한민국에 전해준 메시지

◆

문화·예술계 전반에 뻗친 비선실세들의 전횡은 국민들을 충격과 공포로 몰아넣었다. 이들은 각종 이권을 챙기고, 정부 정책에 비판의 목소리를 내는 예술인에게 불이익을 주었다. 공공연히 나돌던 문화계 블랙리스트의 실체가 분명해지자 예술인들은 더욱 분노하였다. 언제부터인가 예술의 기본권인 표현의 자유는 사라졌고, 천편일률적인 소모품들만이 문화계를 가득 메우고 있다. 때문인지 예술가들의 꿈과 현실 사이의 고뇌는 오히려 사치가 되고 말았다. 창의성까지도 정해진 틀에 맞춰야하는 납득이 가지 않는 상황이 발생하기도 하였다. 문화 융성을 운운했던 지난 정부는 자신들의 입맛에 맞는 문화를 만들려고 하였다. 대한민국의 분노와 배신감이 커지는 것은 어쩌면 당연하다.

어수선한 정세에서 한줄기 빛 같은 영화가 선풍적인 인기를 끌었다. 영화 〈라라랜드〉는 꿈과 현실 사이를 방황하는 예술가들의 꿈을 다룬 영화이다. 예술가들에 국한된 듯 보이는 이 영화가 대중들에게 큰 위로를 전달한 이유는 무엇일까? 〈라라랜드〉는 뮤지컬 영화라는 장르적 특성이 관객들의 시선을 잡아당긴 것도 있지만, 꿈꾸는 대중들의 공감을 이끌어 내어 큰 사랑을 받았다.

재즈 피아니스트로 꿈을 펼치지 못한 체 현실과 타협하며 살아가는 세바스찬(라이언 고슬링)과, 연기 오디션에 줄 낙방하며 꿈에 대한 확신마저 잃어가는 미아(엠마 스톤)는 우리가 일반적으로 생각하는 예술계의 한계를 여실히 보여주었다. 주인공들은 꿈과 현실 사이에서 방황하지만, 그 꿈 하나를 이루기 위해 고군분투한다. 영화는 척박한 현실 속에서 꿈을 이루어가는 과정을 단순하게 나열하지는 않았다. 사랑하는 두 남녀가 서로의 꿈의 방향성과 정체성을 제시하는 역할을 하며 환상 같은 현실을 함께 만들어갔다. 이를 통해 그저 이상만을 쫓는 것이 아니라, 현실 속에서도 이룰 수 있는 꿈을 이야기하였다.

〈라라랜드〉 주인공들의 모습은 일반 관객들의 삶과도 많이 닮아있다. 예술만이 가지고 있는 한계가 아닌 꿈과 이상 사이에서 고뇌하는 관객의 마음을 어루만져준 것이다. 감독 데이미언 셔젤의 전작 〈위플래쉬〉에서는 꿈을 완성하기 위한 처절한 몸부림이 인간의 한계점을 자극하였다면, 영화 〈라라랜드〉는 그 꿈을 스스로 조율해 나가는 두 남녀의 모습을 보여주었다. 단순히 사랑과 꿈 사이의 갈등, 꿈을 이루어가는 두 연인의 사랑을 이야기했다면 영화가 이토록 회자되지는 않았을 것이다. 대신 현실에서는 이룰 수 없는 꿈을 환상 속에서 펼쳐보일 때 발견하는 가치, 또 현실로 돌아왔을 때 환상을 되뇌이며 꿈에 대한 의지를 다지는 모습이 희망을 안겨준다.

각자의 꿈은 이루지만 사랑은 결국 이루어지지 않는 영화가 마치 새드엔

딩처럼 보일 수 있다. 하지만 이 뻔하지 않은 결말이 국내 관객들에게는 오히려 신선한 자극이 되었다. 최소한 꿈꿀 수 있고, 희망을 노래할 수 있는 그 자체만으로 얼마나 행복한 것인지 깨닫게 하였기 때문이다. 왠지 꿈을 꾸는 것조차 사치인 것 같은 대한민국의 현실이 씁쓸함만 남긴다. 그러한 의미에서 우리의 기억을 투영하고, 또 삶을 공감할 수 있는 이 영화가 사랑을 받을 수 있었던 이유는 분명해 보인다.

'룸' 보다 더욱 숨막히는 자유, 사랑으로 다시 채울 수 있을까?

영화 〈룸〉은 단순히 감금 되었던 룸에서의 탈출기를 그려낸 영화가 아니다. 오히려 룸을 탈출한 두 모자의 변화된 삶과 그들이 새롭게 마주한 고통에 시선을 집중한 영화이다. 특히 조이브리 라슨 분의 아들 잭제이콥 트렘블레이 분의 시선으로 바라본 룸 속 세상과 바깥 세상의 극명한 차이, 이를 통해 아이가 겪는 정서적 변화의 과정에 집중하여 영화의 흡입력을 높였다.

영화 시작부터 1시간 가량은 오로지 조이와 잭이 가로세로 3.5m 크기의 방에서 살아간 5년의 시간을 보여준다. 작은 방 바깥세상을 알지 못하는 잭에게 룸은 유일한 세계이고, 엄마만이 "진짜" 생명체이다. TV 속 인간과 생명체는 모두 그림에 불과한 가짜라고 믿는 잭. 엄마는 잭에게 세계를 설명하기위해 다양한 거짓으로 그를 납득시켜왔다. 하지만 5살이 된 잭에게 새로운 세상을 만나게 해줘야 한다는 강력한 의지는 조이와 잭을 룸 밖 세상으로 이끌었다.

영화는 룸에서의 생활은 물론 탈출의 과정까지 숨 막힐 듯한 긴장감으로 표현하였다. 잔잔해 보이지만 흡입력있는 이야기 구성은 자칫 지루할 수 있는 영화의 몰입도를 높였다. 무엇보다도 영화 룸이 빛났던 이유는 감독이 탈출 이후 조이와 잭이 겪는 변화와 갈등에 이야기의 초점을 맞추었기 때문이다. 영화가 진짜 들려주고 싶었던 이야기는 룸 밖의 세상을 마주한 조이 모자의 모습이었다.

룸 안이 전부였던 잭에게 룸 밖의 세상은 그저 놀라움의 연속이다. 태어나서 계단을 본적이 없는 잭에게 계단을 오르내리는 일상조차 '처음'인 낯선 일이다. 하지만 탈출 이후 잭에게 소통과 사회성을 부르짖는 조이의 모습은 룸 안에서의 강건한 어머니의 모습이 아니다. 오히려 세상으로부터 버려진 자신을 비관하며 트라우마에 몸부림치는 피해자로 전락해버린다. 조이는 7년만의 탈출로 24세가 되었지만, 룸 안에서의 강인한 엄마의 모습은 사라지고, 오히려 납치되었던 17세 속 세상에 스스로를 가두며 분노를 폭발시킨다. 룸 안의 통제된 생활이 자신을 더욱 올곧게 만들었다면, 풍족이 주는 안락함은 되려 그녀를 혼란스럽게 만든 것이다.

더욱이 그녀의 혼란을 가중시킨 것은 가십만을 쫓는 미디어와 대중들이다. 미디어는 잭의 존재 자체가 삶의 이유였던 조이에게 잭을 세상 밖으로 보내지 않은 책임을 운운하며 그녀를 사지로 내몰았다. 피해자의 정신적 상처보다는 룸 속에서 일어난 "사건"에만 관심을 갖는 언론의 행태는 조이의 삶의 의미조차 송두리째 빼앗아 버렸다. 이 지점에서 관객들은 '조이 모자가 차라리 룸 안에서의 탈출하지 않았더라면…'이라고 생각하게 만든다. 그만큼 감독은 탈출 후 겪는 조이의 고통을 극대화시켰다. 무관심이 관심으로 돌아섰을 때 그 관심의 가십성과 자극성의 실체가 또 다른 종류의 감금이 될 수 있음을 적나라하게 드러낸다. 또 그런 엄마를 바라보는 잭을 통해 치유와 회복의 과정이 탈출의 과정보다 더 혹독한 시련이 될 수 있음을 여실히 보여준다.

그럼에도 불구하고 잭의 '긴머리', '친구', '그래도 엄마'라는 세가지 키워드는 조이를 다시금 살아날 수 있게 만든다. 죽어가는 조이를 살린 것은 아들 잭, 그녀에게 삶의 의미를 되찾아 준 것도 역시 아들 잭이다. 17세의 나이에 납치된 어린 '조이'와 엄마가 된 '조이'사이에서 방황하는 그녀를 잭은 사랑으로 보듬는다. 작은 룸에서의 결핍이 가져다 준 서로를 향한 뗄 수 없는 사랑, 룸 밖의 풍요가 주는 작은 행복 찾기는 관객들에게 가장 단순한 결론이자 결말을 말해준다. 모자가 살아갈 현실 삶의 공간. 어쩌면 룸보다 더욱 숨막힐 공간이지만 서로가 있기에 그 숨 막힘조차 사랑으로 채워갈 수 있을 것이라는 희망을 안겨주고 있다.

〈버드맨〉, 초능력에 투영된
불안한 자아 찾기

◆

영화 〈버드맨〉은 국내 개봉 전 김치비하 발언 등으로 국내에서 큰 논란이 되었다. 김치 비하와 관련하여 영화 대사는 예술의 일부로 봐야한다는 의견과 아무리 예술이지만 다른 나라의 문화를 비하해서는 안된다는 의견이 첨예하게 대립했다. 영화 도입부부터 터진 "역겨운 김치 냄새!!"라는 발언은 한국인이라면 누구나 순간 움찔할 수 밖에 없는 대사이다. 하지만 이는 딸 샘엠마 스톤 분과 아버지 리건마이클 키튼 분의 관계, 재활원에서 갓 퇴소한 샘의 신경질적이고 반항적인 정서를 드러내기 위한 하나의 장치로 이용된 것이라 볼 수 있다. 영화의 전체 맥락 상 김치를 비하하려는 직접적인 의도는 없어 보인다.

〈버드맨〉은 주인공 리건이 과거에 출연했던 헐리우드의 코믹카툰액션 영화 제목이다. 리건은 〈버드맨〉으로 슈퍼히어로 시절을 보냈지만 이제는 퇴물 배우가 되었다. 그는 한물간 자신의 입지를 멋지게 부활시킬 수단으로 뉴욕 브로드웨이의 연극을 택했다. '무지의 미덕'이라는 연극에 연출, 각본,

제작, 출연까지 모두 맡으며 열정을 쏟아 붓는다. 하지만 그의 고군분투는 문제의 연속이고 그 무엇도 그의 뜻대로 되지 않는다. 하지만 아이러니하게도 붙잡으려, 변하지 않으려 악을 쓰다가 예상치 못한 변수를 만났을 때 그의 일은 빛을 낸다. 연극의 모든 구성원들도 사실 주인공 리건과 같은 상황이다. 꿈을 끊임없이 좇지만 그 무엇도 이룰 수 없는 상황. 과거 〈베트맨〉으로 큰 인기를 끈 주인공 마이클 키튼 본인의 이야기이기도 한 이 영화는 그래서 그에게 큰 의미가 있다.

영화 속 모든 등장인물들의 심리 상태는 깨질 듯 불안하고 아슬아슬하다. 삶의 이루고 싶은 꿈 하나와 그것만을 이루기 위해 달려가는 그들의 초조한 마음은 곳곳에서 드러난다. 이러한 느낌은 영화 전체에 끊임없이 흘러넘치는 드럼소리로 더욱 고조된다. 리건이 흥분되고 위기의 감정을 느낄 때 드럼소리는 미친듯이 빠르게 연주되고, 불안을 느낄때는 심벌즈가 음흉하게 쨍그랑 거린다. 드럼 소리가 영화 전체의 감성을 끌어가고, 그 타악기 소리에 의해 관객의 감정까지 흔들린다. 그렇게 몰입도를 높인다.

또한 이 영화의 가장 중요한 촬영 기법은 숏으로 끊지 않는 롱테이크long take 방식인데, 드럼 소리와 함께 길게 이어지는 한 테이크take는 극의 몰입도를 더욱 높여 준다. 한 테이크당 호흡이 상당히 긴데 이를 한 치의 오차없이 연기한 연기자들과 연출진의 노력이 엿보이는 대목이다. 또 카메라는 리건의 뒷모습을 주로 찍는데, 관객이 주인공 리건과 같은 1인칭의 시점으로 상황을 바라보게 하였다.

리건과 버드맨의 판타지는 리건을 자아 분열의 상태로 만들어 놓는다. 이상한 초능력으로 투영된 불안한 자아, 이는 그의 오만과 거만이 마치 스스로의 평가 가치로 오해 하는데서 생기는 기현상과도 같다. 과거의 영광에 빠져 헤어나오지 못하는 모습, 이는 리건 자신뿐만 아니라 영화를 보는 관객들의 모습이기도 하다. 극의 등장인물 역시 조금씩 목표는 다르지만, 모두 삶의 무게와 이상과의 괴리에서 힘들어하는 인간의 모습을 여지없이 보여준다. 그래서 영화 버드맨 속 연극 '무지의 미덕'은 기형적 삶의 축소판이라고 자평하는 것일지 모른다.

버드맨으로 불안하게 날뛰던 리건의 자아는 예기치 못했던 성공을 거두고, 새로운 날개짓을 하려고 한다. 모든게 영원하지 않다는 불안감은 리건을 다시 힘들게 하겠지만, 어찌 되었든 의도치 않은 곳에서 터지는 인생, 그 미래가 더욱 궁금해진다. 영화의 결말 속 리건이 땅으로 떨어졌는지, 하늘로 솟았는지 확실치 않지만, 하나만은 확실해 보인다. 그는 강박으로부터 자유가 되었다.

〈보이후드〉,
인생 자체가 기-승-전-결

◆

    제목과 포스터는 영화의 주제와 내용을 대변한다. 블록버스터나 유명 배우를 내세운 영화가 아닌 이상 관객들에게 영화 포스터와 제목은 관람 여부를 결정하는데 상당한 영향을 미친다. 포스터는 영화 흥행에도 직·간접적 영향을 미치는데, 그 이유는 포스터가 영화의 주제를 가장 압축적으로 드러내고 있기 때문이다. 〈보이후드〉의 포스터는 초록빛 잔디에 누워있는 소년의 평화로운 얼굴을 비추는데, 이는 그동안 헐리우드에서 줄곧 선보였던 어린 소년의 성장기를 담은 청춘 드라마쯤의 인상을 풍긴다. 하지만 영화는 소년, 청춘 그 이상을 담아낸 한 인간의 성장드라마로 전세계를 놀라게 하였다.

    영화의 주인공 배우 에반호크는 인터뷰에서 〈보이후드〉는 소년의 성장기를 담은 영화로 실제로 주인공 메이슨(엘라 콜트레인)이 6세 되던 해부터 장장 12년동안 영화를 촬영했다고 밝혀 세간의 관심을 끌었다. 12년동안 영화를 찍었다는 이야기를 처음 들었을 때는 선뜻 납득이 가지 않았다. 12

년의 의미는 12년 내내 그 영화'만'을 찍은 것이 아니라 12년동안 매년 일정 기간에 만나 영화를 찍으며 "따로 또 같이" 제작을 진행했다는 뜻이다. 일종의 동창회처럼 매년 일정시점에 모여 작업을 이어간 것이다.

영화는 주인공 메이슨과 사만다 남매, 그리고 그들 부모의 일상적인 성장을 다루고 있다. 부모의 이혼으로 엄마와 함께 살고 있는 메이슨 남매이지만, 아빠와 일주일에 한번씩 교류하며 정을 쌓아간다. 영화는 사실 특별한 내러티브 구조를 가지고 있지 않다. 정말 일상이라고 할 수 있는 메이슨 가족의 삶을 자극 없이 천천히 따라간다. 다큐멘터리는 아니고, 그들은 실제 가족도 아니며 철저히 계산된 연기를 하고 있지만, 메이슨 가족의 삶에 감독의 특별한 개입은 없어 보인다. 그만큼 자연스럽고 부드럽고 일상적이다.

메이슨의 10대 유년시절은 호기심의 연속이지만 많은 제약이 따른다. 그리고 여느 가정처럼 남매가 서로 다투고 그것을 말리는 엄마와의 충돌이 삶의 가장 소소한 일상이다. 엄마의 재혼은 새로운 가정과 이복남매를 만들어 주지만 잘못된 선택은 그들에게 상처를 남긴다. 그 상처는 친아빠_{에반} 호크와의 실없어 보이는 농담과 해학으로 치유 되곤한다.

포스터 속 어린 소년 메이슨은 시간의 흐름에 따라 성장한다. 솜털이 난 소년에서 턱수염이나고 변성기가 찾아온 청소년으로, 그리고 남자냄새 물씬 나는 청년으로 변화한다. 그 시간의 변화가 상당히 자연스러운데 몇 년이 어떻게 흘러갔는지 친절한 부연 설명은 없다. 그저 내 인생 같은 타인의 인생을 천천히 바라보는듯한 느낌을 준다. 그리고 '나도 저때 저랬었지…' 혹은 '나도 저랬었나?' 하는 추억 여행을 동시에 가능하게 한다. 부모의 이혼, 엄마의 재혼 그리고 실패, 잦은 이사, 새로운 친구들과의 만남 등을 통해 메이슨은 또래보다 일찍 성장통을 겪는다. 그래서인지 조숙하면서도 자신만의 인생 철학을 일찍이 깨닫는다.

영화는 12년의 긴 시간동안 촬영된만큼 영화 화면 색채와 기술의 발전을 미묘하게 느낄 수 있다. 2002년 시작 된 작업에 '시간'이라는 주제를 담은 그들은 특이함 대신 자연스러움을 택했다. 그래서인지 영화의 기술적 발전과 변화가 크게 느껴지지는 않는다. 대신 시간에 따른 실생활의 변화와 정치 이슈들은 자연스럽게 나타난다. 특히 메이슨의 아빠는 정치에 대한 뚜렷한 소신을 가지고 있는데 이는 아이들, 주변인들과의 대화를 통해 드러난다. 조지 부시에 대한 분노나 이라크 파병 문제에 대한 이슈들은 감독 자신의 소신이자 생각을 대변하고 있다. 뿐만 아니라 전자기기TV,게임기,휴대폰의 변화도 관찰 할 수 있다. TV의 변화, 2D 폴더 폰에서 아이폰으로의 발전, 아이폰의 업그레이드와 페이스타임화상 통화이 가능해지는 현재까지. 영화가 후반으로 진행될수록, 아니 소년이 성장을 거듭할수록 그 발전을 찾아보는 재미도 쏠쏠하다.

영화는 메이슨이 청년기를 지나 성인이 되기 직전 단계, 18세가 되는 해까지 그의 삶을 자극없이 보여준다. 고등학교를 졸업하고, 하고 싶은 공부를 하게 되고, 이제는 부모의 곁을 떠나야 하는 시기가 그에게도 찾아온다. 엄마는 "난 뭔가 더 있을 줄 알았어!!"라고 말한다. 소년이 청소년이 되고, 청소년이 성인이 되고, 혹은 소녀가 숙녀가 되고 숙녀가 엄마가 되고, 그 엄마가 자식을 기르면서 사람들은 주어진 미션을 수행하듯 매일을 살아간다. 그 미션들이 끝나면 어떤 결말이나, 특별한 결과가 나타날 것 같은데 그들에게 남는 것은 사실 없다. 결국은 주어진 시간을 묵묵히 살아간 것일 뿐인데 이 허무감이 엄마를 슬프게 만든 것이다.

메이슨은 엄마곁을 떠나 대학에 가서 새로운 친구를 만난다. 그리고 지금까지의 삶을 되돌아본다. 인생의 모든 성장과 변화들은 인생의 '길' 일뿐 미래의 열쇠는 아니라는 것이 그가 내린 결론이다. 무엇인가를 해내면 모든 것이 끝난 것 같고 다 좋을 것 같지만 결국 모든 것은 똑같다. 고민도 행복도 시간에 따라 그냥 자연스럽게 흘러가는 것일 뿐, 특별한 것은 없다는 것이다. 메이슨은 말한다. "난 뭔가 거창 할 줄 알았어. 하지만 그것이 아니야. 시간이 우리를 붙잡을 뿐이야. 그래서 Always right now."

영화는 특별할 것 없어보이는 메이슨의 일상을 관망하며 그 당시 나도 겪은 고민과 행복을 다시 한 번 생각하게 한다. 영화는 2시간 40분의 비교적 긴 러닝타임을 가지고 있지만 지루함보다는 행복감을 안겨준다. 영화의 마지막즈음, family of the year의 〈Hero〉가 흘러나온다. 그 가사를 잘 음미해보면, 감독이 이 영화를 통해 무엇을 말하고 싶었는지, 그래서 인생을 어떻게 살아갔으면 하는지 말해주고 있다. 감독은 인터뷰에서 이렇게 말했다. "It's a coming of age story about a tumultuous childhood, but the lead character in the film is actually time itself." 맞다, 가장 중요한 것은 지금 이 순간이다.

〈비긴어게인〉, 관객이 원하지 않은 결말, 그 이유는?

페이스북을 보다가 우연히 "〈비긴어게인〉, 촬영했지만 편집된 장면" 이라는 포스트를 보게 되었다. 좋아요! 수는 몇 만을 훌쩍 넘겼고, 사람들의 댓글 반응은 재미있었다. "저 장면 넣었으면 영화 망했다", "우리가 나올까봐 조마조마 했던 그 장면!" 등등 반응은 가지각색이지만 내용은 하나같다. 편집되어서 정말 다행이라는 반응이다. 편집되었다는 그 장면은 바로 댄과 그레타의 키스신이다. 관객들이 영화의 백미, '키스신'을 이토록 두려워한 이유는 무엇일까? 특히 남녀 주인공의 키스신이 〈비긴 어게인〉에서 만큼은 달갑지 않았던 이유는 왜 일까?

헐리우드 로맨스 영화, 특히 재미, 유머, 감동의 요소를 모두 갖춘 전형적인 로맨스 영화에서 남녀 주인공의 사랑은 이야기의 원인이자 결과가 된다. 고난과 역경으로 풀릴 것 같지 않던 두 남녀 주인공의 사랑도 '해피엔딩'이라는 정해진 공식을 향해 쉼없이 달려간다. 그래서 두 남녀 주인공은 '키스'를 통해 서로의 사랑을 확인하거나 공고히 한다. '키스'라는 행위는 결말을 더욱더 빛나게 해주는 핵심 기법(!)이자 필수 요소가 된다.

그렇다면 〈비긴어게인〉은 어떠한가? 〈비긴어게인〉은 음악영화이다. 상업성을 고루 갖춘 로맨스 영화라 말할 수 없다. 국내에서 뒤늦게야 흥행 돌풍이 일어나고 있는 이유를 '다양성 영화'라는 점에서 찾듯 예술성이 포커스가 된다. 음악이라는 특정 소재를 전면에 부각시켜 어쩌면 치우침이 독이될 수 있는 영화판에서 특별함의 승부수를 띄운 케이스라 볼 수 있다. 더불어 국내 상영관 개수는 200개가 넘지 않는 선에서 조용히 스며들어 '찾아보는' 영화로 영화팬들을 자극하였다. '음악'에 포커스를 맞춘 이 영화는그 중심 스토리가 음악답게 기-승-전-음악이다. 음악으로 소통하고 음악으로 이야기한다. 이러한 〈비긴 어게인〉에게 음악이 매개가 된 진부한 사랑 이야기? 첫 시작부터 관객은 그러한 결말을 꿈꾸지 않았을 것이다.

그레타키이라 나이틀리 분는 음악을 통해 그의 전 남자친구 데이브애덤 리바인분와 사랑을 속삭였다. 함께 웃고 사랑하는데 언제나 음악이 함께 한다. 하지만 음악이 그들 사랑의 핵심이지만 그 대전제에 그레타의 삶 전체가 '음악'임을 그녀는 뒤늦게야 깨닫게 된다. 그레타에게 "부르지도 않을 음악을쓴다는 것"은 음악을 누구처럼 '내어 보이기 위한 수단'이 아닌 '자신의 삶을 지탱하는 산소'처럼 삶의 필수요소이다. 댄마크 러팔로 분은 이것을 깨우쳐준다. 또 "네가 쫓던 꿈은 이루었지만, 변화는 나의 몫"『Coming Up Roses비긴어게인 ost』이라는 노랫말에서 알 수 있듯 데이브에게서 벗어난 삶의 변화를 예고한다.

〈비긴 어게인〉은 열린 결말을 가지고 있다. 댄과 그레타의 '관계'에 대한어떤 설명이나 설정 없이 영화는 끝을 맺는다. 하지만 세심한 관객들은 결말이 다가올 무렵 발견할 수 있었을 것이다. 댄과 그레타의 뜨겁고 애틋한

눈빛 교환을… 그 다음 관계를 생각해볼 수 있을 만큼 그들은 서로 '통했다'고도 볼 수 있다. 하지만 감독은 비록 '편집'의 과정을 거쳤지만, 둘의 관계를 규정짓지는 않았다. 관객들에게 여운을 남겨 주었다. 소위 관객들을 '실망'시키지 않았다. 그래서 관객들은 너무 고맙고 또 뭉클하다. 그 '통함'이라는 것이 반드시 사랑이어야 할 이유는 없다. 음악이라는 매개체를 통해서로 '소통'하고 마음을 읽는 것만으로 제대로 된 '통함'이 가능하기 때문이다. 이러한 '통함'을 '비긴 어게인'을 통해 관객들은 발견했고, 이로 인해 그들은 행복했다. 통한다는 것, 반드시 사랑이어야 할 이유는 없다.

〈위플래쉬Whiplash〉,
분노는 당신의 실력을 살찌우게 하리니

◆

영화 〈위플래쉬〉의 한국 흥행 성적이 세계 2위를 기록하였다. 〈비긴 어게인〉에 이어 헐리우드 다양성 영화의 장기 흥행 독주를 예고하기도 하였다. 한 네티즌은 이 영화를 보고 너무 감동을 받은 나머지 "우리 회사직원들과 단체관람을 한 번 더 해야겠다"는 영화평을 남겼다. 사실 이 영화평이야말로 〈위플래쉬〉가 국내 관객들에게 크게 어필할 수 있는 핵심을 꼬집고 있다고 볼 수 있다. 인간의 불굴의 의지, 끈기, 노력을 가장 중요한 성공의 덕목으로 생각하는 한국인의 정서를 자극하고 있기 때문이다.

이 영화의 국내 흥행 요소를 설명하기 위해서는 한국의 근현대사를 잠시 되짚어 봐야할 것 같다. 한국은 세계를 놀라게 할만큼 단기간에 고도의 경제성장을 이루었다. 한국전쟁 이후 해외의 원조를 받던 극빈국에서 이제는 IT 강국으로 세계의 부러움을 받고있다.

이러한 칭호를 얻기까지 우리 선조, 부모님 세대가 어떠한 노력을 해왔는지 후손들은 매우 잘 알고 있다. 하루 열 시간이 넘는 근로 시간에도 나라를 부강하게 만들겠다는 우리 조상들의 끝없는 다짐은 기적을 이루어내었다. 그래서인지 무에서 유를 창조한 대기업 총수들은 청년들의 본보기가 되기도 하였다. 영화 〈국제시장〉이 온 국민의 눈물샘을 자극했던 이유는 이처럼 개인의 노력 여하에 따라 인생은 뒤바뀔 수 있다는 "노력결정론"이 우리나라의 근간을 이루는 기본정서이기 때문이다.

그 세대를 살아 온, 눈에 보이는 결과물을 만들어내던 아버지 세대들에게 현재 젊은이들은 사회의 구조적 현실과는 무관하게 단순히 게으름뱅이로 평가받기도 한다. 노력하지 않아서, 노력이 부족해서 지금의 청년들은 경제를 더 크게 성장시키지 못하고 있다고 혀를 찬다. 청년들은 이러한 비판에 크게 분노하면서도, '그래 역시 내가 부족해서, 내가 뛰어나지 못해서'라며 스스로를 자책하기도 하고 또 하나의 스펙 추가를 위해 고군분투한다. 이러한 한국인의 심저에 깔려있는 "노력결정론"은 〈위플래쉬〉의 한국 흥행을 이끄는 원동력이 되었다.

뉴욕의 셰이퍼 음악대학에서 재즈드럼을 공부하는 앤드류는 플렛처 교수에게 시험의 대상이 된다. 아니, 교수는 앤드류의 가능성을 보았고 그 가능성이 실력이 되고, 그 실력이 최고라는 명성을 얻을 수 있도록 그를 채찍질한다. 영화 제목이 〈위플래쉬〉인 것도 그 이유에서다. 앤드류를 사지로 몰고가는 그의 독설과 가르침은 채찍질에 비유될만큼 독하고 무서운 것이었다. 단 한번의 실수도 용납하지 않는 플렛처 교수의 요구는 날이 갈수록 더욱 높아져만 가고, 그의 악랄한 독설은 앤드류를 분노케한다. 인신공격적 발언과 폭력성은 그의 분노를 더욱더 자극하고, 그가 가지고 있는 한계를 뛰어넘게 하기 위해 교수의 채찍질은 끊임없이 계속된다. 오기는 분노를 낳고, 분노는 피를 보는 연습으로 그를 내몬다. 나약하기만 했던 앤드류는 더욱 강해지고, 강해진 그는 한계를 뛰어넘는 실력으로 모두를 놀라게 한다.

영화는 두 배우의 끊임없는 충돌로 다양한 형태의 긴장감을 낳는데, 플 렛처 교수의 관객을 압도하는 카리스마와 시시각각 변하는 앤드류의 눈빛 은 그의 분노를 그대로 표출시킨다. 특히 피사체를 짧게 왔다갔다하는 카 메라워킹은 눈을 뗄수 없게 만들고, 긴장감을 극대화시키는 효과를 발휘 한다. 또 영화 속 '위플래쉬' 재즈 선율은 놀라운 흡입력을 보여주는데, 영 화를 관람하는 내내 내가 드럼을 치는 것처럼 끊임없이 비트를 맞추게 한 다. 아카데미 편집상과 음향상에 빛나는 영화인만큼 관객을 장악하는 흡 입력을 보여준다.

Good job(적당하게 잘했어!)이라는 말이 가장 최악의 칭찬이라는 교수 의 분노는 앤드류의 인간적 한계를 최고치로 끌어올려 놓는다. 또 마지막 연주에서까지 거짓을 이용해서라도 앤드류를 극한으로 내모는 교수의 모 습은 관객들, 특히 한국인 관객들의 가슴에 뜨거운 무언가를 들끓게 한다. 교수의 행태에 분노하면서도, '저렇게까지 밀어부치니, 저렇게 피나는 노력 을 하니까 최고가 될 수 있는 거야!' 라며 수긍하고 또 새롭게 자신을 반성 하게 하는 분위기.. 하지만 이 결말에 대한 여러 가지 해석은 있다. 교수의 졸렬한 복수가 의도치 않게 앤드류가 자신의 한계를 뛰어넘을 수 있는 계 기가 되었다는 것. 하지만 해석이야 어찌되었든 교수의 덫이 오히려 제자의 통쾌한 한방이 되었다는 것, 또 그것이야말로 한국 관객을 사로잡는 이 영 화의 힘이 되었다는 점은 부인할 수 없다. 한 분야의 최고가 되고, 성공을 이루고 난 후에는 '그래. 그때 그 스승이 없었더라면..'하고 고통을 노력으로 승화하는 한국인의 자의적 해석은 오히려 놀라운 흡입력과 함께 국내 흥행 을 가능케 하는 원동력이 되었다.

〈장고-분노의 추적자〉,
의미작용의 미스커뮤니케이션

◆

기호학記號學, 영어: Semiotic studies에서 가장 중요한 것은 기호와 의미 사이의 상관관계이다. 모든 기호는 의미를 가지고 있고 공동체의 사회적 약속에 의해 통용된다. 사회적 관습에 의해, 문화적 이해 속에서 제 기능을 할 수 있는 기호는 일종의 문화작용으로 해석할 수 있다. 우리는 기호라는 사회적 약속을 통해 커뮤니케이션을 하고 그 기호가 뜻하는 의미작용을 매우 자연스럽게 이해한다. 영화는 영화 그 자체만으로 기호작용을 하는 하나의 텍스트로 분류된다. 세계를 모형화한 영화는 사회적 기호의 집합체로도 볼 수 있다.

영화 〈장고- 분노의 추격자〉는 쿠엔틴 타란티노 감독의 색깔을 여지없이 드러내고 있다. 서부영화적 배경음악과 화면색, 선혈이 낭자하는 잔인성까지 그가 추구해온 영화적 방향성을 그대로 살린 작품이다. 1850년대 미국 남부 흑인 노예들의 처참한 삶을 보여주며, '장고'라는 해방된 흑인 노예의 영웅화를 통해 시대와 백인들의 잔인성을 고발하고 있다. 영화 속의 다양한 기호들은 이러한 시대적 비극성을 사실적, 은유적, 환유적으로 드러내고 있다. 그 중에서도 영화 속에 자주 등장하는 '니그로'라는 단어를 통해 문화적 기호의 의미에 대해 다시 한번 생각 해 볼 수 있다.

영화 〈장고〉에서는 'nigger니그로'라는 단어가 셀 수 없이 등장한다. 흑인을 비하하는 인종차별적인 단어로 21세기인 현재는 터부시되는 단어 중 하나이다. '깜둥이'라는 의미의 이 단어는 영화에서 '깜둥이= 천박한=흑인노예'라는 기호적 약속에 의해 불려진다. 영화에 등장하는 대다수의 백인들이 흑인노예와 자유인을 막론하고을 부를 때는 무조건 'nigger'라고 부르고, 이렇게 불려지는 흑인들도 이를 당연히 받아들인다. 이 '니그로'라는 단어의 기표가 깜둥이라는 의미를 넘어 '노예'라는 기의로 굳어져, 당시 남부 농장 일대에 통용되는 문화기호로 사용되었다는 것을 알 수 있다. 주인공 장고는 노예 신분이 아닌 자유인이 되었음에도 불구하고 흑인이라는 이유로 백인들에게는 그저 '니그로'로 불려진다. 그의 조력자 슐츠박사는 장고를 장고 프리맨Freeman으로 재차 소개하는데, 흑인=노예라는 뿌리 깊은 인식이 프리맨freeman을 단순히 장고의 성last name정도로 인식하게 한다. 자유Free와 흑인은 연결될 수 없다는 미국 남부 사회의 문화적 인식을 그대로 드러내주는 대목이다.

장고에게 '니그로'는 단지 흑인 또는 흑인을 비하하는 의미 자체로 해석된다. 하지만 니그로=흑인=노예 공식을 가진 남부지방의 문화기호에 익숙한 백인들에게 장고가 자유인이라는 존재는 인정되지 않는다. 그냥 장고라고 부르고, 일개 '니그로'로 인식될 뿐이다. 그래서인지 문화 기호는 단지 정해져 있는 문화 속에 당연한 존재와 의미의 관계가 아니라, 스스로는 일체의 근거를 가지지 않는 '비실체적 관계, 자의식 가치'를 뜻한다고 할 수 있다. '기호=공동환상共同幻想'이라는 공식에 입각하여, 문화적인 기호로 사용될 그 가치가 통용되는 것이지 그렇지 않을 경우는 이처럼 불협화음만 생길 뿐이다.

어쩌면 이 불협화음 때문에 'nigger nigro'라는 단어는 더이상 사용되어서는 안되는 단어일지 모른다. 누가 누구를 주인과 노예로 인정할 수 있다는 말인가. 〈장고─분노의 추격자〉는 1850년대 당시 백인들의 극악부도함을 잔인하지만 너무 무겁지만은 않게, 풍자적이고 사실적으로 보여주었다. 만약 당시의 사회를 적나라하게 비판하기 위해 르포적 스토리를 잡았다면 지금과 같은 재미와 흥미는 사라졌을 것이다. 세 시간에 육박하는 러닝타임을 풍자와 해학으로 잘 버무렸기에 〈장고─분노의 추격자〉는 더 큰 사랑을 받을 수 있었다.

〈황금시대〉, 자서전 같은
샤오홍의 삶

◆

부산국제영화제에서 아시아 영화인상을 수상한 허안화 감독, 그리고 탕웨이가 타이틀롤을 맡은 것만으로도 영화 〈황금시대〉는 세간의 관심을 모으기에 충분했다. 부산국제영화제에서 〈황금시대〉는 탕웨이의 인기가 반영된 듯 빛의 속도로 매진열풍을 기록했다. 그러나 부산국제영화제에서 〈황금시대〉가 큰 인기를 끈것과는 별개로, '탕웨이'의 티켓파워를 고려한다면, 국내 영화시장에서 〈황금시대〉는 그 스코어가 초라하다.

다양성 영화 상당수가 그러하듯 상영관을 많이 확보하지 못한 것이 가장 주된 이유이고, 영화자체적으로 러닝타임이 178분으로 너무 길다는 점도 그 이유이다. 러닝타임이 긴 만큼 샤오홍탕웨이 분의 일대기를 상세하고 치밀하게 엿볼 수 있다는 점, 탕웨이의 열연 덕에 영화의 긴장감과 관객의 몰입도를 최대치로 끌어 올릴 수 있다는 점은 이 영화의 장점이다.

샤오홍은 중국 현대문학사에서 빼놓을 수 없는 영향력을 가지고 있다.

향년 30세에 타계한 비련의 여류 작가이기도 하다. 영화는 샤오홍이 등장하여 "나는 31세에 죽었고, 이제 나의 이야기를 시작한다."는 독백으로 첫 장면을 시작한다. 허안화 감독은 이 장면에 가장 많은 공을 들였다고 하는데, 그만큼 신선하고 앞으로 나열될 그녀의 아픔을 함축적으로 보여주는 듯하다. 이 영화는 다큐멘터리를 표방하고 있다. 그래서 각 등장인물이 '인터뷰' 형식으로 샤오홍의 삶을 조명하고, 샤오홍 자신도 자신의 이야기를 '독백'으로 회고 한다. 특이한 점은 샤오홍의 어린시절의 이야기는 남편 샤오쥔이 청자이자 전달자이고, 샤오홍과 샤오쥔 두사람의 이야기는 그의 두 번째 남편 두완무가 전달한다. 또 샤오홍과 두완무의 이야기는 또 다른 등장인물이 개입해 이야기 해준다. 그래서 각각의 에피소드에 다양한 시각의 교차 편집이 이루어져 내용이 조금 더 길어진 것으로 보인다.

그녀는 어쩌면 짧지만 그 누구보다 강렬한 삶을 살았다고 할 수 있다. 그 낭만적이고 화려했던 이면에는 결국 '글쓰기'에 대한 확고한 의지와 열정만이 충만했다. 치열하게 사랑했고, 그것을 표현하였으며, 그런 삶의 이야기를 수필이라는 기록으로 남겼다. 특히 샤오홍의 작품세계는 '루쉰'의 영향을 많이 받은 것으로 알려져 있는데, 루쉰과의 에피소드가 비교적 상세하게 묘사 되어있다. 또 루쉰이 어떻게 그녀의 삶에 다양한 방식으로 영향을 주었는지 보여준다. 순간의 쾌락만을 위해 사는 것 같은 그녀의 모습도 사실은 현재를 살고 있는 외롭고 연약한 우리의 모습과 흡사하다. 그녀는 지키고 싶은 사랑과 자신이 하고 싶은 그 무언가를 위해 쉼없이 삶을 개척하는 모습이다. 비록 그 모습이 거칠고 혹독해 보여도 공감을 이끌어낼 수 있었던 단 한가지 이유는 매순간이 진심이었기 때문이다.

그의 첫 남편 샤오쥔은 그녀의 글 실력에 대해 질투를 느낀다. 주변의 평가가 신랄 해 질수록 둘의 관계는 소원해진다. 하지만 이에 굴하지 않고 샤오홍은 꾸준히 그녀의 집필 활동에 전념한다. 일본 침략이라는 시대적 슬픔이 둘 사이를 더이상 회복 할 수 없는 관계로 만들어 버린다. 이러한 격동의 세월도, 사랑의 아픔도 그녀의 창작의지를 꺾어 놓지는 못한다. 연약해 보이지만 결코 나약하지는 않은 샤오홍의 모습이 더욱 아름답게 느껴진다. 두번째 남자 '두완무'와 재혼을 하며 오직 "이해와 보살핌과 사랑만이 있기를" 바라지만 그것조차 여의치 않다. 글을 통해 혁명을 꿈꾸는 친구들과 오직 글쓰기에만 전념하고픈 샤오홍. 그녀의 삶은 그래서 치열하기만 하다.

178분동안 탕웨이는 샤오홍 그 자체였다. 섬세하고 감각적인 연기는 탕웨이를 '탕 여신'이 아닌 샤오홍 그녀 자신으로 보이게 하기에 충분했다. 그만큼 역할에 푹 빠져있는 그녀의 모습에 길고 긴 러닝타임도 즐길 수 있다. 격동의 근현대사를 담고 있는 중국영화가 가슴 속 큰 울림을 남긴다.

제4장

디지털시대로 보는
대중문화

수동적 콘텐츠 소비는 가라!
능동형 대중의 진화

◆

2015년 상반기 인터넷을 뜨겁게 달군 인물이 있다. 바로 '종이문화재단 평생교육원' 원장 김영만씨다. 김영만 원장은 지난 1988년 KBS 'TV 유치원 하나둘셋'을 시작으로 20여 년간 종이접기를 전수해 온 인물로 지금 80년 대생 청년층에게는 추억의 인물이다. 그는 오랜만에 MBC 예능 〈마이 리틀 텔레비전〉(이하 마리텔)에 출연하게 되었고, 뜨거운 관심과 열풍의 주인공이 되었다. 그의 출연이 이색적인 것은 마리텔 백종원의 장기 집권의 아성을 무너뜨릴 수 있는 인물로 SNS와 시청자게시판으로 출연요청이 쏟아진 인물이기 때문이다. 시청자들의 열화와 같은 성원에 힘입어 예능 프로그램에 첫 선을 보인 김영만씨는 2-30대 성인들의 추억을 자극하며 커다란 반향을 일으켰다. 그의 "코딱지들이 이제 어른이 되었으니 잘 할 수 있을 거에요"라는 한마디는 '어른 아이들'의 눈물샘을 자극하였고, 김영만 신드롬을 일으켰다.

반면, 웹툰을 원작으로한 tvN 드라마 〈치즈인더트랩〉이 여주인공 캐스팅에 난항을 겪었다. 그 이유는 간단하다. 웹툰의 캐릭터를 잘 살린 인물을 캐스팅하는데 있어, 시청자와 웹툰팬들의 의견이 상당한 영향력을 행사했기 때문이다. 캐스팅 물망에 오른 연기자에 대한 기사가 나면 그 연기자에 대한 네티즌들의 품평이 시작되었다. 뿐만 아니라 여주인공 캐릭터에 적합한 연기자들도 인터넷상에서 순위가 매겨지며 제작진들의 결정에 직접적인 영향을 미쳤다. 상황이 이렇다보니, 여주인공 캐릭터에 대한 사람들의 갑론을박이 뜨거워졌고, 캐스팅 물망에 올랐던 연기자가 부담감에 출연을 고사하는 등 악순환이 반복되기도 하였다. KBS에서 방영되었던 일본 드라마 리메이크작 〈노다메 칸타빌레〉도 비슷한 상황이었다. 대중들의 의견이 방송의 성패에 크게 작용하면서 어렵게 여주인공은 캐스팅되었지만 큰 빛은 보지 못한 채 브라운관을 떠나는 불명예를 안았다.

이렇듯, 현재의 대중들은 문화콘텐츠를 소비함에 있어서 능동성을 띤다. 대중들은 자신이 좋아하는 콘텐츠에 대한 자부심과 전문성을 가지고 있고 전문가 이상의 지식을 바탕으로 콘텐츠에 대한 직접적인 영향력을 행사하며 팬심을 드러낸다. 상황이 이렇다 보니 대중을 상대로 하는 문화콘텐츠는 여론과 대중의 반응에 큰 영향을 받고, 이는 제작 일정과 방향성에 차질을 주기도 한다. 때문인지 연극, 영화, 드라마뿐만 아니라 전시, 예술 공연의 형태도 점점 변화하고 있다. 예를 들어, 연극 〈고도리를 기다리며〉는 찜질복을 입고 달걀을 까먹으며 관객이 연극에 실제로 참여하는 형태의 콘텐츠를 선보였다. 관객도 연극의 일부로 활용되며 소비자와 공급자가 함께 만들어 가는 콘텐츠로 진화하고 있다.

이제 더 이상 대중들은 만들어진 콘텐츠를 수동적으로 소비만하는 소비자가 아니다. 자신의 의견을 적극 개진하며 콘텐츠 영향력을 행사한다.

이제 드라마가 재미없으면 '그냥 안보고 말지'하는 대중들이 아니다. 댓글을 통해서라도 제작진과 작가에게 쓴소리를 서슴지 않고 대중의 반응을 이끌어 드라마의 방향성을 만들어 준다. 이렇듯, 대중들의 문화콘텐츠 소비 성향은 날로 진화하고 있다. 이제는 대중들의 적극적인 협조와 참여가 없으면 질 좋은 콘텐츠가 만들어 질 수 없을 정도이다.

이러한 추세에 대해 우려의 목소리도 적지는 않다. 제작 독립권이 위협받는 요소가 다양해지면서 자칫하면 좋은 콘텐츠 제작의 방향성을 잃을 수 있다는 것이다. 하지만 대중들을 위한 콘텐츠가 제작되어야 할 상황에서 제작자들이 대중의 의견을 모두 수용해야 할 것은 아니지만 그들의 의견을 제작에 적극 반영해야 하는 것은 맞다. '무플보다는 악플이 낫다'는 말이 있을 정도로 대중과의 원활한 소통이 오히려 콘텐츠 제작의 중요한 자산이 될 수 있다. 따라서 대중들의 달라진 위상을 고려하여 문화콘텐츠 제작에 힘을 기울인다면 더 의미 있는 콘텐츠를 생산해 낼 수 있을 것이다.

뉴스, 대중 유혹의 기술이
초래한 악순환

뉴스news는 '새로운 것', '소식' 또는 '정보'의 의미를 지니고 있다. 뉴스는 인간이 살아가면서 알고 싶은 욕구를 충족시켜주는 하나의 '이야깃거리'를 제공한다. 하지만 인터넷, SNS 등 실시간 미디어가 발달하면서 뉴스의 new라는 의미는 점점 퇴색되고 있다. 더 이상 '새로운 소식'은 찾아볼 수 없고 사실을 가장한 정보만 나열될 뿐이다. 뿐만 아니라 인터넷뉴스들의 클릭 전쟁이 심화되다 보니 자극적인 기사 제목이 인터넷 포털 사이트를 장식한다. 뉴스가 대중들의 구미를 당기기 위해 사실보다는 자극적 판타지로 여론의 형성을 주도하는 것이다.

클릭 전쟁에서 살아남은 인터넷 뉴스에는 다양한 댓글들이 달리는데, 댓글에는 호감과 비호감으로 의견이 나뉜다. '호감 투표'를 많이 받은 댓글은 베스트 댓글이 되고, 수 많은 댓글들을 제치고 가장 많은 노출로 대중들의 시선을 끈다. 때문인지 대중들은 언젠부턴가 경쟁적으로 자극적인 댓글달기 경쟁에 열을 올리고, 베스트 댓글이 마치 여론을 대표하는 것처럼 각인된다. 많은 사람들이 댓글을 달고 있지만 베스트 댓글이 여론을 주도한다는 오해는 대중들의 생각까지 이상한 방향으로 흐르게 만들고 있다. 뉴스는 있는 그대로의 현실이 아닌 구성된 현실을 기반으로 한다는 사실을 안다면, 여론을 형성하기 위한 미디어의 행태가 어떻게 대중들을 기만하고 있는지 파악할 수 있다.

기자들의 제목 뽑아내기 기술은 상상을 초월한다. 가장 원초적이고 자극적인 기사들만이 클릭 전쟁에서 살아남을 수 있다. 그래서인지 자극적인 기사는 포털사이트를 장식하고 악플을 조장하는 기사는 언제나 대중에게 노출된다. 예를 들어 국내 많은 연예인들의 결혼 소식은 늘 축하해서 비난으로 여론이 바뀌어간다. 결혼 소식이 알려지기 시작할때만 해도 사람들을 깜짝 놀라게하는 소식으로 많은 축하를 받는다. 하지만 기자들의 열띤 취재경쟁과 과도한 사생활 캐기로 대중들은 피로감을 느끼고, 이는 연예인 커플에 대한 비호감으로 이어지기 일쑤다. 그야말로 언론사들의 취재 경쟁의 희생양이 되는 것이다. 톱스타일수록 그 과정이 더욱 심각한데, 하루가 멀다 하고 스타 커플의 일거수일투족이 인터넷을 장식하고, 이는 대중들에게 위화감 조성으로 이어진다. 과도한 뉴스 경쟁이 초래하는 악순환이다.

정보의 홍수라는 원치 않는 바다에 빠지게 된 대중들은 기자들의 자극적인 낚시 기사에 댓글로 화답하였다. 대중들은 위화감을 조성하는 기사들로 피로감에 쌓였고, 특정 연예인에 대해 더 이상 호감을 갖지 않게 될 수 있다. 이러한 여론 악화를 아는지 모르는지 특종에 대한 후속 기사들은 계속 쏟아지고, 악플을 부르는 자극적인 타이틀이 늘 넘쳐나는 악순환이 반복되고 있다. 원치도 않았던 정보에 노출되어 반감이 쌓인 대중들은 팬에서 악플러로 돌변할 수 있고 이는 대중에게도, 스타에게도 나쁜 영향만 미치고 있다. 과연 직업 윤리 없이 특종에만 급급한 기자들의 행태는 무엇을 시사하는 것일까?

이제 뉴스는 객관적 사실을 상징적 현실로 구성하는 과정이 아니다. 단순히 사실 관계를 나열하는 것을 넘어, 사실이 더 이상 팩트도 아닌 시대가 되고 말았다. 언론의 시각은 필연적으로 우리의 사회문화적인 가치를 반영해야 한다. 하지만 현재의 언론은 자신들의 직업 윤리 의식은 버린 체 자극적인 타이틀, 광고, 클릭 전쟁에만 몰두하고 있다. 대중들은 무엇을 보고 믿어야 하는 것일까? 악플러가 발생하는 것이 꼭 악플을 작성하는 대중들의 잘못일까? 어쩌면 대중들은 자극적인 기사에 베스트 댓글이 되기 위한 전쟁의 희생양이 되고 있는 것일지 모른다.

성숙한 미디어문화를 위한
선행 조건은?

✦

마샬 맥루한의 '미디어는 메세지다'라는 말은 현대사회에서 인간에게 미치는 미디어의 영향력을 여실히 보여준다. 미디어는 인간의 행동을 만들어내거나 제어하며 심리적, 사회적으로 큰 영향을 미친다. 미디어가 많은 것을 지배하기 시작한 지금, 내 머릿속의 생각도 이제는 온전히 내 것이 아닐지 모른다는 불안감과 인간의 생각과 정신까지 미디어와 인터넷 포털 사이트에 지배를 받고 있는지 모른다는 의심마저 든다.

인터넷 포털 사이트는 매분 매초마다 다양한 기사들로 넘쳐난다. 실시간 검색어는 끊임없이 순위 다툼을 벌이고, 사람들은 뉴스에 대한 관심을 댓글로 화답하며 각자의 의견을 개진한다. 하지만 소통이라는 이름의 댓글문화는 현재 많은 문제를 낳고 있다. 불특정다수로부터 받는 악의적 댓글에 몸살을 앓거나, 악플로 선동된 여러 가지 사안들은 사건의 본질보다는 가십의 형태로 발전하기도 한다. 하지만 이러한 인터넷 문화의 문제점이 비단 악플러에게만 있는 것일까? 그보다도 자극적인 키워드를 부각시켜 대중의 관심을 끌고, 정확한 사건 전달보다는 스토리를 짜맞추어 가는 미디어의 자극적인 타이틀 도배가 더 큰 문제로 지적된다.

　몇 해 전 MBC연기 대상은 뜨거운 감자였다. 〈왔다! 장보리〉로 대상을 거머쥔 연민정 役의 '이유리', 악녀 조연의 대상, 시청자 투표 대상 선정 등의 키워드가 대중들의 관심을 끌었다. 하지만 몇 시간 후 이 관심은 "오연서 표정 논란"으로 옮겨 갔다. 〈왔다! 장보리〉의 주인공인 오연서가 조연 이유리가 대상을 받는 것을 못마땅해 하는 표정이 전파를 탔다는 것이 그 이유였다. 실체 없는 표정 논란에 오연서는 그야말로 홍역을 치러야 했다. 이러한 논란의 진원지는 어디일까? 역시 다양한 매체의 뉴스 클릭 전쟁에서 비롯되었다. 대결구도, 이슈화 경쟁은 대중들의 마녀사냥을 선동하기에 좋은 먹잇감이 되었다. "표정관리 안돼", "오연서 불편" 등의 타이틀은 아무렇지 않게 생각하던 대다수의 시청자들에게도 그렇게 보이게 하는 기현상을 만들어 냈다.

　데이비드 핀처 감독의 영화 〈나를 찾아줘Gone Girl 2014〉에서는 여론몰이에 동화되는 사람들과 이로 인해 사건의 본질은 사라지는 현 대중문화의 세태를 적나라하게 담아내었다. 영화 속 미디어와 언론은 사건을 이슈화하여 시청률, 클릭전쟁을 벌이고 이에 선동된 대중들은 앞다투어 남편을 비난한다. 남편은 사라진 아내를 찾기 위해 기자회견을 자청하지만 한순간에 여론은 그를 아내 살해범으로 내몬다. 자극적인 타이틀로 대중의 환심을 산 언론은 또 한번의 시청률전쟁을 위해 남편 닉의 기자회견을 준비한다. 동정에 호소한 그의 눈물은 여론을 또 한번 뒤바꾼다. 하지만 이 모든 상황을 스스로 꾸민 아내 에이미의 악마성은 좀처럼 밝혀지거나 드러나지 않고, 사건의 본질은 다른 방향으로 흘러갈 뿐이다. 영화는 미디어의 한심한 보도행위와 대중들의 잘못된 여론몰이에 끊임없이 돌직구를 날리며, 다시금 언론의 선동과 성숙하지 못한 대중의 판단에 경종을 울린다.

최대한 많은 사람들이 나의 기사를 봐주기를 바라는 언론과 기자들의 마음은 이해한다. 하지만 키워드만을 부각시켜 팩트를 하나의 막장드라마로 만들어서는 안 될 것이다. 그들에게는 사건의 본질을 올바르게 전달해야 할 직업적 의무가 있다. 기사 타이틀 하나하나가 모여 미디어문화를 이루듯, 이에 대한 올바른 가치관과 기준을 세워야 할 것이다. 또한 대중들도 인터넷 포털사이트의 기사들에 의해 짜 맞추어진 방향대로 사건을 바라볼 것이 아니라, 무엇이 진실인지 스스로 판단할 수 있는 혜안을 가져야 할 것이다. 재미와 흥미만을 위한 언론이 아닌 진실과 진심이 묻어나는 대중문화의 조성에 미디어가 앞장서야 할 것이다.

SNS는 논란을 타고 때와 장소를 가릴 줄 아는 미덕

'SNS스타'라는 대명사가 생길 정도로 SNS는 강력한 소통의 수단이다. SNS를 타고 많은 말들이 인터넷상에 오가고, 한명의 영향력 있는 사람의 말이 대중의 의견을 좌우하기도 한다. 다양한 의견들을 자유롭게 펼칠 수 있는 개인의 공간이지만, SNS는 더 이상 개인의 생각을 일기처럼 써내려갈 수 있는 공간만은 아니다. 특히 대중들의 시선을 한 몸에 받는 연예인이라면 더욱 그러하다. 김부선씨는 SNS를 통해 일약 스타덤에 올랐다. 난방열사라는 칭호까지 붙으며 SNS를 효과적으로 이용하여 대중들에 큰 지지를 얻었다. 하지만 그 SNS 활용법이 독이 되는 사건이 발생 하였다. 문제의 본질을 흐린 그녀의 SNS발언은 감정적이고 직설적이었다. 문제를 일으킨 상대방이나 제작진에 대한 배려는 찾아 볼 수 없었고, 자신의 화만 내뱉듯 쏟아낸 SNS 글은 오히려 대중들에게 피로감을 안겨주었다. 난방열사 때처럼 SNS를 통해 대중적 지지를 이끌어내고자 했을지 모르나, 오히려 자신의 성숙하지 못한 행동만 질타 받게 생겼다.

SNS의 '해시태그'라는 기능은 높은 활용도를 선보이고 있다. 해시태그는 소셜미디어에서 특정한 의미의 핵심어나 특정주제를 드러내는 방식으로 이용되는데, 검색의 편리함을 위해 개발된 메타데이터의 한 형태이다. 예를 들어 '#한강'이라는 해시태그를 찾아보면 '#한강'태그를 단 모든 사람의 글이나 사진, 정보를 한눈에 확인할 수 있다. 이는 정보 수집 측면에서 효과적인 기능을 발휘할 수 있으나, 불특정다수가 개인의 사생활까지 침해 할 수 있는 문제가 발생할 수 있다.

이렇듯, SNS는 다양하게 진화하고 있다. 하지만 이 SNS도 결국은 사람이 하는 것이다. 때와 장소에 걸맞는 의견 개진만이 대중들의 지지를 얻을 수 있는 것이다. 이와 비슷하게 과거의 발언과 행동 때문에 발목이 잡힌 연예인들 역시 해시태그 같은 꼬리표가 그들의 삶에 끝까지 따라 붙고 있다. 유승준과 장동민은 다른 듯 비슷한 양상을 보이고 있다. 유승준은 자신이 범한 중대 실수를 무려 10여년이 훌쩍 지난 후에야 사과하며 국민적 공분을 사고 있다. 국내에 들어오고 싶은 마음을 모르는 것은 아니나, 그에게 지워진 "배신"이라는 꼬리표는 대중들에게 쉽사리 잊혀지지 않을 것처럼 보인다. 또 사태를 너무 오랜 시간 방치하여 용서의 유예기간까지 이미 다 써버리고 말았다. 그럼에도 잊을만하면 언론플레이를 펼치며 국내 복귀를 희망한다. 개그맨 장동민의 경우, 오로지 재미만을 위한 것이라는 도를 넘어선 발언들이 공식 사과후에도 꼬리표처럼 그의 연예 생활에 따라 붙을 것이다. 물론 때에 맞춘 빠른 사과와 대응으로 큰 위기는 넘겼지만, 대중들의 마음의 문은 쉽사리 열릴 것 같지 않아 보인다.

이처럼 개인 담론이라고, 혹은 개인 SNS공간이라고 방심하여 도덕적으로 어긋나는 행동을 한 순간 사태는 걷잡을 수 없이 커질 수 있다. 사실 그

때 그 순간에는 문제를 인식하지 못하거나 운 좋게 넘어갈 수도 있다. 하지만 이제는 모든 상황이 #하나로 해시태그되는 세상이다. SNS를 이용하든, 아니면 SNS를 통해 잘못이 밝혀지든, 모든 것은 자신의 말과 행동에서부터 시작되는 것이다. SNS가 사회 관계망이라는 이름을 가지고 있는 것처럼 SNS는 개인 인듯 개인 아닌 공적인 사이버 공간이다. 이 얼마나 위협적인 꼬리표인가?

IT의 발달로 사회가 아무리 '개인화'되고는 있다지만, 오히려 기술의 발달은 무서운 기세로 사람들의 생활을 감시하고 있다. 개인의 말과 행동에 대한 책임과 의무가 더욱 커지고 있는 셈이다. 어쩌면 "개인적" 이라는 것은 이제 더 이상 존재 할 수 없는 것일지도 모른다.

더 얇고, 더 빠르게?!
그 밑바탕은 역시 실력과 진정성

간단하고 편한 것이 우선시되면서 지식도 뉴스도 빠르고 얇게 훑어만 보는 것이 추세이다. 이를 위해, 모르면 안 되지만, 간단하고 빠르게 알고 싶어하는 현대인들을 겨냥한 다양한 방법들이 쏟아지고 있다. 출판업계도 이러한 경향을 대변하듯, 인문학 서적 〈지적 대화를 위한 넓고 얇은 지식〉이 오랜 시간 베스트셀러 상위권을 차지하며 인기몰이를 하였다. 뿐만 아니라 대중들의 뉴스를 접하는 수단도 크게 달라져서, 포털사이트 뉴스 검색 이외에도 소셜 네트워크가 주요 수단으로 자리 잡고 있다. 예를 들어, '버즈피드'나 '피키캐스트', '인사이트'등 SNS를 활용해 인기 있는 뉴스를 한 번에 모아서 볼 수 있는 플랫폼이 대중들의 시선을 사로잡았다. 이는 뉴스를 접하는 방식이 모바일화 되면서 홈페이지나 특정 앱에 찾아 들어가 뉴스를 읽는 사람이 줄어들고, 소셜네트워크를 하면서 자연스럽고 빠르게 뉴스를 접하는 트렌드를 반영한 결과물이다. 대중들의 니즈를 겨냥한 맞춤 서비스가 새롭게 탄생한 것이다.

이렇듯 조금 더 빠르고 간단하고 얕게, 하지만 몰라서는 안 될 지식들을 한 번에 접하기 위해 대중문화는 빠르게 변화하고 있다. 스피드를 생명으로 하는 현대인들에게 모르면 뒤처지고, 깊이 알기엔 시간이 많이 소모되는 지식들을 빠르게 숙지할 수 있도록 새로운 문화가 형성되고 있는 것이다. TV 속 쿡방쿠킹방송 트렌드에도 초간단, 초스피드 추세가 그대로 반영되어 있다. 쿡방에서 가장 중요한 가치는 마치 '스피드+간단'인 것처럼 많은 예능프로그램들 속 셰프들은 음식의 스피드를 뽐낸다. 셰프들의 빠른 손놀림이 대중들의 눈길을 사로잡는데, 따라하기 쉬운 듯하면서도 화려한 볼거리는 대중들의 구미를 당기는데도 성공하였다.

대표적으로 요리연구가 백종원은 다수의 프로그램에서 특유의 구수한 입담과 요리실력으로 쿡방의 아이콘이 되었다. tvN의 〈집밥 백선생〉에서는 자신의 이름을 건 다양한 쿡방을 선보이고 있으며, 백선생 초간단 oo 요리 등의 키워드가 따라 붙을 정도로 모든 요리의 모토는 '간단하고', '빠르게'이다. 또한 방송 3주년을 맞은 Jtbc의 〈냉장고를 부탁해〉의 경우도, 셰프들의 요리 향연은 물론 15분이라는 제한시간이 가져다주는 긴장감으로 시청자들에게 큰 사랑을 받고 있다. 프로그램은 짧은 시간, 간단한 냉장고 재료로 누구나 따라할 수 있을 법한 요리를 선보이며 큰 재미를 주고 있다.

하지만 단순히 얕고, 간단하고 빠르기만 하다고 대중들에게 큰 즐거움을 안겨줄 수 있을까? 〈냉장고를 부탁해〉에서 발생한 '맹모닝' 논란을 살펴보면 대중들이 얕고 간단한 것을 선호하면서도 실력이나 진정성에 얼마나 까다로운 잣대를 들이대고 있는지 확인할 수 있다. 맹기용 셰프는 당시 〈냉장고를 부탁해〉에는 처음 출연한 셰프였지만 이미 4년차 셰프였다. 그에게 간단함과 진정한 실력맛을 원했던 시청자들은 그에게 크게 실망하였다. 음식은 간단하기만 했고, 맛도 비주얼도 모두 망쳐버린 음식이었다. 방송이 끝난 후 그에 대한 비난 여론이 쇄도했고, 담당PD는 조금 더 지켜봐 달라는 말을 남겼다. 시청자들의 잣대는 더욱 엄격해질 수밖에 없다.

복잡한 것보다는 간단하고 얄고 빠르게 정보를 접하고자 하는 대중들은 많아졌다. 하지만 아무리 얄다고해서 대중들은 아무렇게나 빠른 것을 원하지는 않는다. 〈지적 대화를 위한 넓고 얄은 지식〉도 얄다고 스스로를 낮추어 말했을 뿐 결코 얄지 않은 지식이었기에 대중적으로 큰 인기를 끌수 있었다. 또 백종원이 예능 대세가 된 것도 간단하고 쉽게 요리를 알려주지만, 그의 실력은 결코 간단하지 않다는 대중들의 믿음이 바탕이 되었기 때문일 것이다. 쉽고 빠르고 간단한 것도 중요하지만 그 밑바탕에는 언제나 검증된 실력과 진정성이라는 기본이 뒤따라야 한다는 것을 잊어서는 안된다.

자기 자신이
모두 드러나는 세계

◆

실시간 소통이 가능해지면서 대중문화는 크게 변화하고 있다. SNS는 물론이고, 뉴스, 영화, 드라마, 전시, 공연, 예능 등 다양한 문화콘텐츠는 쌍방향 소통을 주된 화두로 삼고 있다. 관객과 시청자들은 콘텐츠에 대해 자유롭게 의견을 개진하고, 실시간 소통하며 문화를 자신만의 방식대로 즐긴다. 콘텐츠는 더 이상 수동적 감상의 대상이 아니고, 직접 참여하는 것으로 조금 더 의미있는 소비의 대상이 되고 있다.

MBC에서는 시청자 쌍방향 소통방송 〈마이 리틀 텔레비전〉(이하 마리텔)이 큰 화제를 모았다. 백종원이라는 요리연구가의 콘텐츠가 그 인기의 견인차 역할을 하고 했지만, 실시간 소통이라는 새로운 시도가 시청자들에게 큰 매력으로 다가왔다. 〈마리텔〉은 인터넷의 SNS미디어 "아프리카TV"에서 아이디어를 차용하여 만든 프로그램으로, 1인 인터넷방송의 새장을 열었다는 평가를 받았다. 각자 자신만의 개성 있는 콘텐츠의 주인이 되어 직접 방송을 하며 만들어가는 예능프로그램으로, 채팅창으로 실시간 소통을 하며 방송을 이어간다. 아무런 편집이나 여과 장치 없이 "실시간"으로 방송이 진행되다 보니, 종종 문제를 일으키기도 한다. 뿐만 아니라 시청률 경쟁, 관심 경쟁으로 무리수를 두어 돌이킬 수 없는 강을 건너는 경우도 많았는데, 이것 또한 생방송의 묘미라고 평가한 이들도 적지 않다.

하지만 이 생방송의 묘미라는 굴레는 어쩔 수 없이 방송인의 본모습이 가감 없이 드러나는 것이다. 성격, 인성 등이 그대로 드러나는 생방송은 이 때문에 '인성'논란을 불러일으키기도 한다. 아이돌그룹 "걸스데이"는 컴백 기념으로 '아프리카TV'의 유명 BJ 최군의 방송에 출연하여 먹방(먹는방송) 을 선보였다. 하지만 이 새로운 시도가 오히려 그들의 방송활동에 큰 오점 으로 남게 되었다. 친근하고 재밌게 한다고 한 연출들이 때 아닌 '인성'논란 을 만들게 되었고, 신곡 홍보차 출연한 인터넷방송은 오히려 앞으로의 활 동에 악영향을 미쳤다. 이에 대해 BJ 최군은 사과하였지만, 논란은 계속되 었고, 그동안 귀여운 이미지로 큰 사랑을 받았던 걸그룹은 그 이미지에 큰 타격을 받게 되었다.

한창 백종원 신드롬이라 할만큼 백종원 요리연구가는 방송에서 종횡무 진 활약하고 있다. 그가 인기 있는 이유는 그 자신만의 강력한 콘텐츠가 있는 것도 이유겠지만, 특유의 구수한 매력이 시청자들에게 어필하였기 때 문이다. 누구나 알고 있는 요식업계의 거물이자 성공한 CEO이지만 그는 언제나 소탈한 모습이다. 있는 척 꾸미지도, 허세를 떨지도 않고 미디어를 대하는 모습도 노련하다. 그의 행동이 진실성을 담보하지 않았더라면 요식 업계의 성공한 CEO 수식어 그 이상도 이하도 아니었을 것이다. 이처럼 대 중의 관심을 끌기 위한 모든 시도들이 결국은 자신의 민낯을 가감 없이 드 러내는 것과 다르지 않다. 포장된 얼굴, 꾸며진 인성은 대중들에게 외면받을수 밖에 없다.

현재 대중문화에서 인성논란이 계속되는 것도 꾸며진 자신을 포장하여 사람들의 환심을 사는 데 급급한 미디어의 숨겨진 속성 때문일 것이다. MBC 음악방송 〈복면가왕〉이 왜 꾸준한 인기몰이를 하고 있겠는가? 편견 타파, 누구인지 맞추는 재미 등에 대해 이야기하지만, 결국은 모든 것이 다 드러나는 현대사회에서 자신의 진짜 얼굴을 가리고 싶은 대중들의 심리를 건드린 것은 아닐까.

잊혀질 권리?
디지털 시대의 숙명

◆

디지털 시대는 인간의 삶에 많은 변화를 가져왔다. 디지털 문화라는 말은 더 이상 신조어가 아니며, 인터넷은 인간 삶의 양식을 완전히 뒤바꾸었다. 인터넷을 통해 누구나 세상과 소통할 수 있고, 자신의 말과 의사를 대중에 쉽게 드러낼 수 있다. 개인정보를 비롯한 각종 정보는 이미 데이터베이스화해 보관되고 있으며, 원한다면 언제든지 인터넷 검색을 통해 필요한 정보를 얻을 수 있다. 하지만 내가 한 말과 글, 내가 올린 사진과 동영상, 개인적 정보 또한 원한다면 누구나 손쉽게 얻을 수 있다는 것이 사회적 문제가 되고 있다. 한번 생산된 데이터는 무한대로 재생산되고, 나의 정보가 나도 모르는 사이에 세상을 떠돌 수 있기 때문이다. 디지털화, 손쉬운 검색, 저렴한 저장 비용, 개인의 글로벌화 등 편리한 디지털 기능은 이제 '삭제'가 불가능한 현실을 만들고 있다.

삭제 불가능한 현실과 개인정보의 범죄 악용은 잊혀질 권리Right to be forgotten 법제화에 대한 논의로 이어졌다. '잊혀질 권리'란 자신의 정보나 특정한 기록을 디지털 저장소로부터 삭제할 수 있는 개인의 권리를 뜻한다. 미국에서는 이미 해당 권리의 입법화에 대한 찬반 논의가 진행되고 있으며, 양측의 입장은 첨예하게 대립한다. 한국에도 비슷한 종류의 사건들이 연이어 발생하여 '잊혀질 권리'에 대한 찬반 논란이 대두되고 있다. 사건은 어김없이 댓글 논란에서 시작되었다. 현직 판사 한명과 공영 방송의 수습기자 등 고도의 도덕성이 요구되는 두 집단의 사람이 인터넷을 통한 댓글 활동으로 물의를 일으켰다. 그들의 행적은 구글링googling을 통해 모두 드러났고, 익명성은 더 이상 익명이 아니었다. 이로 인해 한명은 현직에서 징계를 받았으며, 한명은 채용이 유보되었다. 이들 모두 인터넷의 익명성 뒤에 숨어서 자신의 의견을 개진하였고, 표현의 자유를 주장하였지만, 결국 도덕성 문제에 휩싸였다. 만약 그들의 행적이 '잊혀질 권리'에 적용을 받는다면 현재 위치에서의 직업윤리와 자신의 사상은 별개의 것으로 치부될 수 있을까?

또한 최근 자신의 동영상, 사진을 삭제해달라는 요구가 수 만 건에 이른다는 기사도 비슷한 맥락이다. 사생활을 담은 사진을 개인정보라는 이름으로 데이터베이스화하였지만, 자신도 모르는 사이에 외부로 유출되고 유해사이트에 악용되고 있는 것이다. 익명성과 개인정보라는 이름으로 인터넷 세상을 손쉽게 이용하였지만, 우리도 모르는 사이에 그 편리성은 위험한 독이 되고 말았다. 개인정보 삭제 요구는 아직 '잊혀질 권리'의 법적용을 받지 못하지만, 법제화 필요성에 대해 다시 한 번 생각하게 하는 대목이다. 그만큼 디지털 시대의 기술적 장점들은 이제 사람들의 족쇄가 되고 있다.

개인의 디지털 활동뿐만 아니라 저널리즘에서도 쟁점으로 부각되고 있는 '잊혀질 권리'는 이제 디지털 시대의 새로운 쟁점이 될 것이다. 나에 대한 기사와 검색결과 노출을 삭제해달라는 요청, 온라인에 넘쳐나는 개인의 사생활과 각종 정보, 이제 더 이상 남의 일이 아니다. 하지만 거꾸로 생각해 보면 '잊혀짐'을 논하기 전에 우리가 기억해야 할 것은 자신의 말과 행동에 대한 책임이다. 지금 발생하고 있는 일련의 문제들은 인터넷의 익명성 뒤에서 편리함만을 추구했던 현대인들을 향한 경고로 볼 수 있다. '잊어 달라고' 요청할 수는 있지만, 양심에서 벗어난 행동의 중심에 있었다면 이 또한 아이러니가 아닌가? 따라서 '잊혀질 권리'라는 자유와 알 권리, 인격권의 충돌은 어쩌면 디지털 시대에 인간이 가져야 할 숙명처럼 보인다.

창조경제와
4차혁명의 차이?

◆

　대선주자들의 대선공약에 빠지지 않고 등장하는 단어가 있다. 바로 4차
산업이다. 최근 화두가 되고 있는 4차산업은 수렁에 빠진 대한민국 경제를
일으켜 세울 유일한 방도처럼 보인다. 하지만 그 4차산업 공약이라는 것이
지난 정부에서 줄곧 주창한 "창조경제"와 크게 다르지 않은 모양새이다.

　먼저 4차산업이란 무엇일까? 4차산업은 한마디로 "지식과 지식" "기술
과 기술"간의 융합을 기본 골자로 사이버 세계와 물리적 세계를 통합 시키
는 산업 환경적 변화를 일컫는다. 사물에 센서를 부착하는 기능인 사물인
터넷을 예로 들면, 사고가 일어난 도로의 차량 정체를 미리 감지하여, 출근
길 정체를 피할 수 있도록 나의 알람시계가 스스로 30분 먼저 울고, 커피
포트도 그에 맞춰 물을 끓여놓는 식이다. 알파고와의 대결로 화두가 된 인
공지능, 사물인터넷, 실감형 콘텐츠, 빅데이터, 무인자동화, AR·VR, 바이
오, 헬스케어까지 혁명이라는 단어가 어색하지 않을만큼 4차산업과 함께
엄청난 변화가 예상된다.

하지만 4차산업의 최첨단 시스템과는 별개로 이에 대한 대선주자들의 공약은 창조경제의 탁상공론과 크게 다르지 않다. 가장 창조적이어야 할 시스템이 구태의연한 법률과 이권에 막혀 제대로 펼쳐질 수 있을지 미지수다. 문화콘텐츠산업만해도 그렇다. 창조경제 슬로건 속에서 이어지던 AR·VR 산업은 이렇다 할 성과를 이루지 못하였다. AR게임 '포켓몬 고GO' 열풍에 뒤늦게 한국형 '포켓몬 고GO'를 개발해야 한다며 문화창조융합센터 등 관계 부처의 지원이 시작되었지만 미비하다. AR·VR 콘텐츠를 위한 생태계 조성이 가장 시급하지만 아직은 어려움이 예상된다. 이러한 한계들은 오히려 정부 주도로 이루어질 때 더 많은 문제점들을 낳았다.

뿐만 아니라 4차산업에 고무되어 기술에만 치우친 사업으로 인해 인문학은 점점 사라지는 모습이다. 특히 인문학, 스토리텔링, 이야기의 시대는 이제 인공지능에 그 자리를 내어준 모양새이다. '포켓몬 고GO'의 열풍이 포켓몬이라는 스토리와 대중적 공감대에서 비롯되었다는 장점보다는 증강현실에만 그 성공을 초점 맞추는 식이다. 또 융복합의 개념도 다양한 인문학적 베이스 위에 다져진 기술이 아닌, 핵심 기술에만 모든 관심이 집중되고 있다. 사물 중심 비즈니스 생태계와 인간중심의 비즈니스 생태계가 결합되면서 일어날 변화의 움직임이 자칫 인간은 사라져버린 기술만을 위한 4차산업이 되지는 않을까 우려스럽다.

따라서 대선공약으로 난무했던 4차산업에 대한 희망적인 메시지는 자칫 지난 정부의 창조경제의 전철을 밟지는 않을까 걱정스럽다. 지난 정부의 키워드가 창조경제 생태계의 완성이었다면, 갑작스러운 국정 혼란으로 인한 관계부처의 발빠른 대처(?)로 올해 4차산업혁명 대응 키워드는 지능정보사회 구현으로 대체되었다. 이는 미래부와 창조경제혁신센터의 존속 여부가

불투명해지면서 창조경제 정책이 뒤켠으로 밀려난 셈이다. 진정으로 국가를 위한 변화의 움직임은 무엇인지, 과연 4차산업의 정책과 창조경제가 어떻게 다른 것인지 의문이 생기지 않을 수 없다.

자연스러움이 주는
대중적 공감대

◆

　다양한 방송프로그램, 개인 SNS, 파파라치에서 신문기사까지 연예인들의 일상생활을 쏟아지고 있다. 연예인들의 일상노출 홍수는 대중들에게 상당한 피로감을 안겨준다. 미디어의 대중 영향력이 커지면서 연예인들의 일상이 평범한 대중들의 삶과 모종의 괴리감을 안겨주는 것이다. 호기심 충족일지 정보 공해일지 미디어효과가 꼭 좋은 것만은 아닌 듯하다.

　얼마 전 신비주의 연기자 김사랑의 일상이 미디어를 통해 노출되었다. 그동안 그녀의 일상을 접할 수 없었던 대중들의 관심은 집중되었다. 방송 출연 이후 김사랑 차, 김사랑 마사지볼, 김사랑 일식 등이 검색어 상위권을 차지하며 뜨거운 이슈를 몰고 왔다. 하지만 신드롬이 예상되었던 2회 분량의 〈나 혼자산다〉 김사랑 편은 의외로 흐지부지하게 끝나버렸다. 김사랑편 자체는 볼만했지만, 그날 방송 프로그램의 결정적 재미는 이시언, 전현무가 안겨주었다. 김사랑이 주는 짜여진 듯한 일상보다는 이시언, 전현무가 주는 편안함이 오히려 공감대를 형성했다는 것이다. 연예인 일상에 대한 미디어 노출이 많아지면서 훔쳐볼만한 연예인 삶에 대한 관심은 줄어들고, 자연스러운 공감대가 오히려 대중들에게 크게 어필한다는 것을 보여주는 현상이다.

4년만에 컴백한 이효리의 변함없는 인기도 비슷한 맥락이다. 최정상급 섹시 디바 시절의 삶을 청산(?)한 이효리는 제주생활, 결혼 후 바뀐 일상을 소개하며 대중 속으로 들어왔다. 트렌디한 이효리 삶을 조명할 것 같았던 Jtbc〈효리네 민박〉은 차분함을 넘어 느슨해 보이는 구성으로 대중들을 깜짝 놀라게 했다. 하지만 자연스럽게 나이 들어가는 톱스타 이효리의 일상과 편안한 제주 풍광이 처음에는 대중들에게 어색하게 다가왔는데, 나중에는 호감을 넘어 열광으로 바뀌어 갔다. 특히 제주도의 삶을 억지로 포장하는 것이 아니라 너무나 자연스러운 일상으로 이효리의 삶을 재조명하면서 새로운 라이프스타일까지 제안하는 모양새였다. 또 아무 것도 아닌 것 같은 일상이 오히려 대중들에게는 힐링 포인트가 되며 큰 즐거움을 안겨주었다.

휴식을 위해 시청하는 TV 속에서 쏟아지는 연예인의 일상은 재미보다 피로감으로 바뀐지 오래이다. 일상의 즐거움보다는 현실적 팍팍함에 익숙한 대중들에게 조금은 유별나 보이는 연예인들의 일상이 언제까지 "훔쳐보는 재미"를 선사할 수는 없는 것이다. 그러한 의미에서 조금은 얼간이같은 이시언, 전현무의 일상. 재미없어 보이지만 소소함이 있는 이효리의 제주 라이프가 더 큰 공감과 호응을 얻었는지 모른다.

자극성을 동반한 누군가의 일상 훔쳐보기가 아닌, 느슨하고 차분한 일상을 통해 누구나 꿈꿀 수 있는 삶을 살펴보는 일. 이것저것 꺼내놓기 급급한 것이 아니라 여백이 많은 연예인의 삶은 또 다른 호기심과 로망을 불러일으키는 매력 요소가 되고 있다. 더 이상 PPL로 점철된 어색한 연예인의 일상이 아닌 나도 꿈꿀 수 있는 현실감 있는 새로운 라이프 스타일은 또 다른 버전의 관찰 예능을 가능케 하고 있다.

제5장

한중 문화콘텐츠로
보는 대중문화

문화 원형,
새로운 문화콘텐츠 시장의 확장

◆

여행이라는 자신만의 콘텐츠를 부각시키고 있는 나영석PD는 현 시대의 문화아이콘으로 급부상하였다. KBS 퇴사이후 케이블에서 성공적인 신고식을 치렀고 그의 대표 콘텐츠인 여행을 살려 다양한 프로그램을 만들어내고 있다. 〈꽃보다 시리즈〉, 〈삼시세끼〉를 통해 그만의 장기인 감성과 여행의 조화를 보여주었고, 이는 예능의 시즌제, 케이블 시청률 10% 달성 등 종례 없는 히트를 기록하였다. 여행이라는 그만의 독보적인 콘텐츠가 만들어지니, 이제는 "그가 손대기만 하면 다 된다"는 인식이 생길정도로 그만의 영역은 확장되었다.

이러한 그가 인터넷방송을 활용하여 콘텐츠의 새로운 역사를 썼다. KBS 1박2일에서 함께했던 멤버들과 함께 새로운 콘텐츠를 제작하였는데, 인터넷방송에서 시작한 〈신서유기〉이다. 2014년 첫 선을 보인 〈신서유기〉는 인터넷을 통해 대중들을 만나는 웹 전용콘텐츠로 시작하였다. 한국의 최대 포털 사이트 네이버와 손을 잡아 독점 방송하였다. 당시 〈신서유기〉를 중국 동영상 사이트 QQ와 계약을 맺어 네이버와 동시에 업로드 시키는 등 파격 행보로 관심을 모았다. 이는 콘텐츠 유통의 새로운 방법과 시장 개척이라는 점에서 큰 의미를 가졌고, 〈신서유기〉 인터넷판의 성공을 발판 삼아 시즌제를 통해 다시 TV로 진출하는 등 영리한 마케팅을 선보였다.

〈신서유기〉의 행보가 주목을 받은 이유는 예능 프로그램의 인터넷 유통이라는 새로운 시도를 선보였다는 점이다. 인터넷 방송은 '뷰View:조회수'로 그 성공을 가늠한다. 20개 영상으로 나뉘어 공개한 〈신서유기〉는 국내 포털사이트 네이버에서 2014년 10월 27일 기준 5183만4318뷰를 기록했다. 조회수를 뜻하는 '뷰View'는 〈신서유기〉가 인터넷 방송이라는 한계에도 불구하고 대중문화에 얼마나 큰 영향력을 행사하였는지 여실히 보여주었다. 당시 1뷰당 3~4원에 불과했던 온라인 영상 광고 단가가 〈신서유기〉에 이르러 25원으로 책정되었고, 독점으로 공급한 중국 포털사이트 QQ닷컴에서도 6000만 조회수를 기록했다. 모두 합쳐 1억 뷰 이상이라고 계산하면 클릭으로만 얻은 수익이 이미 25억 원이라는 셈이다. 그야말로 대박을 낸 것이다.

뿐만 아니라 〈신서유기〉는 여행 콘텐츠라는 분명한 콘셉트를 바탕으로 중국인들에게 가장 익숙한 문화원형, 명나라 소설 〈서유기〉를 활용하여 호감도를 극대화 시켰다. 〈서유기〉는 중국을 넘어 아시아를 대표하는 원형 콘텐츠이다. 비록 국내에서는 〈서유기〉를 모티브로 한 콘텐츠가 많지는 않지만, 중국, 일본의 〈서유기〉 사랑은 대단하다. 1920년대부터는 〈서유기〉를 원형으로한 애니메이션, TV드라마, 영화 등이 다양한 콘텐츠로 개발되었고, 현재까지도 끊임없이 재생산·각색되고 있다.

한국의 문화콘텐츠가 중국 시장에서 활약을 하고 있지만, 대부분이 트렌디한 현대물이다. 이러한 트렌디물은 이야기의 소재성이 무궁무진하다는 장점은 있지만, 시의성과 유행을 탄다는 한계가 있다. 뿐만 아니라 아시아 문화권이라고는 하지만 각 나라가 가지고 있는 문화적 차이를 인식하지 못한 체 제작된 콘텐츠는 양국의 사랑을 받을 수 있을지는 미지수이다. 따라서 생명력을 가진, 오랜 시간 사랑 받을 수 있는 콘텐츠를 제작하기 위해서는 문화원형에 눈을 돌리지 않을 수 없다. 한류를 이끈 것은 한국의 트렌디물이라고는 하지만 그것은 오래갈 수 없다.

이제는 한국과 중국 콘텐츠 종사자들이 공동제작을 할 때 가장 우선적으로 고려하는 기준은 "중국 관객, 나아가 아시아 관객에게 사랑을 받을 수 있는 소재와 장르인가"이다. 이러한 의미에서 중국의 〈서유기〉 소재는 오히려 아시아 문화권의 익숙한 소재성이 가져다주는 장점이 큰 메리트로 작용할 수 있다. 다만 〈서유기〉라는 소재가 중국에서 다양한 방식, 예를 들어 영화 드라마 등으로 각색되어 왔다는 점이 중국인들에게 오히려 피로로 다가올 수는 있다. 하지만 이러한 아쉬움을 한국 예능과 접목시켜 전혀 새로운 형태의 콘텐츠가 탄생했다는 점에서 괄목할 만한 성장이라 할 수 있다. 중국의 〈서유기〉라는 익숙하고 재미있는 원형 콘텐츠의 모티브를 따와 한국만의 방식으로 중국인들을 사로잡는 콘텐츠로 제작 되었다. 이는 콘텐츠 시장의 새로운 판로를 모색한 것이라 평가 할 수 있다.

이제 TV를 통해서만 방송 콘텐츠를 접하던 시대는 지났다. 또 국내 시청자들만을 위해 제작한 콘텐츠의 생명력은 짧다. 아시아 시청자를 아우를 수 있으며, 접근성이 좋은 콘텐츠에 사람들의 관심이 옮겨가고 있는 것이다. 이러한 콘텐츠 시장의 변화를 감지하고 새로운 형태의 콘텐츠 생산에 다양한 관심과 지원이 필요한 시점이다.

중국 비즈니스가
연예인들에게 심어 준 환상

◆

배우 추자현은 명실상부 금의환향하였다. 몇 해전부터 배우 추자현의 중국 진출 성공기는 큰 화제를 모았다. 그녀의 행보가 연일 보도되었고, 그녀의 중국 출연료가 회당 1억 원을 넘는다는 사실이 놀라움을 안겨주었다. 추자현의 성공이 금의환향이라는 평을 받는 이유는 간단하다. 그녀는 한국 연예계에서 잊혀지고 있었고, 출연할 수 있는 작품이 없을 만큼 힘든 시기를 겪다가 마지막이라는 심정으로 중국으로 넘어가 큰 성공을 거두었기 때문이다. 그녀는 한 인터뷰에서 다른 한류 스타들과는 달리 중국의 초청이 아닌 직접 발로 뛰며 중국 시장에 진출을 하게 되었다며 힘들었던 과거를 고백하였다. 그래서인지 중국에서 그녀의 인기는 차곡차곡 쌓여갔고, 이제는 명실상부 한국을 대표하는 '대륙의 여신'으로 자리잡게 되었다. 이러한 행복에 대해 추자현은 한 토크쇼에서 "한국 팬들의 칭찬은 지금까지 고생에 대한 보상을 받는 느낌이 든다"며 한국에 대한 고마움을 표시하였다.

2015년부터 중국과의 문화콘텐츠 비즈니스가 활발히 이루어지면서 한중공동제작, 한국 배우들의 중국 진출, 중국의 한국 엔터사업 투자 등 한중 교류가 활발히 이루어졌다. 신한류라는 이름으로 한국의 가수, 배우, 스타PD·작가 너나 할 것 없이 앞 다투어 중국시장에 진출하였다. 물론 다양한 우리 콘텐츠가 중국 시장에서 사랑 받고, 큰 이익을 창출하는 등 사업 영역을 확장하고 크게 성공하였다. 하지만 중국이 고고도 미사일 사드 반대를 본격화한 지난해부터 한중 문화 비즈니스는 타격을 입기 시작하였다. 말 그대로 단절이었다. 중국 시장이 영원할 것으로 오해한 한국 연예인들 중 일부는 큰 타격을 입었다. 한국 연예계 생활에 큰 미련이 없는 것처럼 중국으로 떠났었기에 근시안적 행보가 정치문제에 발목이 잡혀 걸림돌이 되고 말았다.

최근 윤은혜는 한국 예능으로 복귀했다. tvN의 〈대화가 필요한 개냥〉으로 몇 년만에 한국 활동을 시작했다. 하지만 한국팬들의 반응은 차가웠다. 그 이유는 간단하다. 몇 해 전 윤은혜는 의상 표절 논란으로 큰 곤욕을 치렀고 이에 대해 어떠한 입장도 내놓지 않은채 활동을 이어나갔기 때문이다. 당시 그녀는 중국 동방위성의 〈여신의 패션〉이라는 중국프로그램에 출연하여 연기가 아닌 디자이너로서 자신의 입지를 만들기 위해 노력했다. 중국에서 〈궁〉, 〈커피프린스〉 등으로 한류 인기 스타였던 그녀에게 중국 진출 장벽은 그리 높지 않았다. 하지만 승승장구할 것 같았던 그녀의 중국 진출은 그다지 성공적이지 못했고, 거기에다 패션 표절 시비라는 악재까지 겹쳤다. 문제는 당시 그녀는 한국 의상의 표절에 대해 어떠한 사과나 변명도 하지 않고 상황을 모르쇠로 일관하였다. 그야말로 중국 진출의 환상에 도취하여 돌이킬 수 없는 실수를 범하였다. 중국 비즈니스에 도취되어 마치 한국의 여론정도는 가볍게 무시해도 된다는 식의 언론 대응으로 많은 대중들의 빈축을 샀다.

이후 그녀는 한국으로 다시 돌아왔다. 어떠한 사과도 없이 자연스럽고 조용히 한국 TV에 등장했다. 하지만 어느 누구도 윤은혜의 등장을 반가워하지 않았다. 그렇다보니 그녀의 표절 논란에 대한 의혹이 다시금 쏟아졌다. 그제야 불똥이 떨어진 윤은혜는 당시 상황을 3년이 지난 후에야 사과하며 '예쁘게 봐주길' 당부하였다. 차가워진 대중의 마음은 쉽사리 돌아오기 쉽지 않아보인다. 다수의 중국 진출 연예인들이 중국에서의 높은 출연료와 젊은이들의 관심에 이성적 판단능력을 잃고 있다. 중국 비즈니스가 주는 달콤한 열매가 엔터 종사자들의 판단력을 흐리게 만들었다. 그 판단 미스가 정치 후폭풍으로 큰 파장을 일으켰고, 이미 대중들의 신뢰를 잃은 연예인들의 앞으로의 행보가 쉽지만은 않아보인다.

이제는 한중 비즈니스는 새 전환점을 준비해야 할 시기이다. 단절되었던 긴 시간만큼이나 풀어야할 숙제들이 산재해있다. 그 속에서 우리가 먼저 고려해야 할 과제는 무엇보다 우리자신의 정체성을 확립하는 일이다. 정체성을 파악하지 못한 체 그저 자본의 논리에 의해 움직이기에 급급하다면, 한류 콘텐츠의 생명력은 점점 짧아질 수밖에 없다. 따라서 지속가능한 한류를 위해 가장 중요한 것은 우리의 색깔을 잃지 않는 것이다.

대중국 의존도가
한국 콘텐츠 시장에 미치는 영향

◆

중국 콘텐츠 시장은 전 세계 콘텐츠 시장 매출 규모 3위를 차지할 만큼 거대 시장이다. 때문에 향후 중국 경제는 콘텐츠 산업, 문화 산업 등의 소프트 파워가 그 성패를 좌우할 것이라는 예측이 많다. 문화적 소프트 파워의 중요성이 부각되면서 중국 정부도 자국의 우수한 문화적 배경을 세계에 알리기 위해 발 빠르게 노력하고 있다. 중국은 사실상 문화자원 대국임에도 불구하고 문화 산업과 문화상품 생산 등이 다소 열악한 상태이다. 때문에 중국은 미디어 강국인 동시에 미디어 약소국이라 평가 받고 있다.

중국의 실정은 사실상 한국의 콘텐츠 사업에는 큰 이득이 되었다. 덕분에 블루오션 같았던 중국 시장에 한국의 드라마, 영화, 음악 등 문화 생산물을 포함하여 공연, 투자, 공동제작물 등이 다양한 방식으로 중국에 진출하였다. 한류라는 이름으로 90년대 이후부터 가파른 성장세를 보인 한류 문화 산업은 호재를 누린 것이 사실이다. 하지만 이제는 레드오션이 된 중국 시장에서 한류의 명성을 이어가기란 생각처럼 쉽지 않다.

중국은 한류의 가파른 성장에 발 빠르게 대처하였다. 최근 불어 닥친 신한류 열풍에 제동을 걸기위해 2012년부터 〈해외 영화드라마 수입 및 방영관리 강화에 관한 통지〉법을 제정하여 한국 문화콘텐츠의 중국 시장 확대를 막고 있다. 특히 해외 저작물에 대한 규제를 더욱 강화하여 해외 영화 및 드라마는 해당 방영채널의 일일 영화 및 드라마 총 방영시간의 25%를 초과할 수 없고, 프라임시간대인 19시부터 22시까지 방영 금지, 수입 드라마는 50부작 이내라는 중책을 만들었다. 2014년 만들어진 새 규제 정책에는 수입영상물의 모든 회차의 내용을 반드시 사전 검열 후 방영해야 한다는 것이 추가되었다.

그동안 국내에서는 사전 제작에 대한 필요성은 꾸준히 제기되었으나, 아이러니하게도 중국 시장 진출에 어려움이 생기자 드라마의 대부분을 사전 제작하기 시작하였다. 이는 차이나머니가 한국 콘텐츠 시장에 얼마나 큰 영향력을 행사하기 시작하였는지 여실히 보여주는 대목이다. 뿐만 아니다. 차이나머니, 중국 시장이 한국 콘텐츠 시장의 성패에 얼마나 큰 영향을 미치고 있는지 여실히 보여주는 사건이 발생하였다. 바로 JYP 소속 대만인 멤버 쯔위 사건이다.

쯔위는 양안(중국-대만) 정치의 쟁점 인물로 부각되며 큰 곤란에 빠졌다. 17세 대만인 쯔위는 한국 방송에 출연하여 대만 국기를 흔들었다. 대만 국기를 흔든 사진은 중국 네티즌들의 눈에 띄었고, 이는 중국내 "하나의 중국"이념을 뒤흔드는 사건으로 비화되며 쯔위 사태를 촉발시켰다. 쯔위의 행동이 대만의 분리 독립을 주장하는 행위로 간주되자 즉시 중국은 JYP 소속 가수의 중국 활동에 제동을 가하는 등 조치를 취하기 시작했다. 이에 JYP 엔터테인먼트 사장인 박진영은 쯔위의 공개사과와 더불어 자신도 공식 입장을 통해 중국 인민들에게 즉시 사과했다. 쯔위는 중국이 하나의 국가임을 믿고 있으며, 경솔한 행동을 한 것에 사과한다는 요지의 내용이었다.

박진영 사장은 중국 인민들의 공분을 잠재우기 위해서인 듯 즉시 중국을 향해 사과를 했다. 쯔위 사태로 빚어진 2PM 공연 취소 등 수익 손실을 해결해보려는 모양새를 갖췄다. 이 때문에 대만 총선을 치루고 있던 대만 국민들에게 쯔위 사태는 더 큰 외교 문제로 비화되며 과열 양상을 보였다. 정치적 사태는 차치하더라도 박진영의 즉각적인 사과 조치는 대對중국 영향력이 국내 콘텐츠 시장에 어떠한 의미로 작용하는지 여실히 보여준 사건이 되었다.

다양한 스타들이 중국 시장에 진출하고 있고, 중국의 물량 공세가 국내 스타들, 국내 스타 PD와 작가들의 중국 진출에 부푼 꿈을 심어준 것이 사실이다. 뿐만 아니라 중국 수출의 수익성에 대한 의존도가 한국 콘텐츠 시장을 좌지우지하고 있다는 것 또한 쉽게 확인할 수 있다. 이제는 중국이라는 나라가 없으면 우리 콘텐츠 시장은 사장되어 버릴 수 있다는 위기감이 고조되는 것도 이 때문이다.

대만은 이미 중국 콘텐츠 시장의 하청기지로 전락해버렸다. 90년대를 호령했던 대만 콘텐츠들은 이미 사장되었고, 이제는 중국의 수요에 맞게 기술과 인력이 콘텐츠 제작에만 이용되는 지경에 이르렀다. 대만의 현지 실정은 우리 콘텐츠 시장의 미래가 될 수 있다는 우려가 나오는 것도 이 때문이다. 그럼에도 이에 대한 대책은 생각하지 않은 채 현재의 콘텐츠 수출에만 혈안이 되어 있어 그 문제가 심각하다.

중국 내 한국의 다양한 콘텐츠와 기술력에 대한 수요는 꾸준히 늘고 있다. 중국 방송 산업의 엄격한 규제로 최근 방송사와 제작사들은 콘텐츠의 포맷 수출 및 원작 판매를 통한 현지 리메이크 제작 등 새로운 판로를 모색하고 있다. 뿐만 아니라 한중 FTA가 협상되면서 한중공동제작의 기회와 제작 수요 또한 점점 늘어날 전망이다. 그럼에도 우리 콘텐츠 수출의 대중국 의존도는 많은 문제점들을 가지고 있는데, 이에 대한 대책 마련이 시급하다. 특히 한중공동제작을 통해 우리의 콘텐츠의 기술력·인력 유출에 대한 우려와 더불어, 한중 문화의 차이를 인지하지 못한 채 스타 마케팅으로 점철된 문화산업의 고질적 병폐까지 실질적인 문제가 도사리고 있어 이에 대한 지속적인 연구가 필요하다. 문화산업은 계속 발전하고 있지만 이에 수반하는 법령 제정에 대한 논의는 이루어지지 않고 있어 심도있는 대책 마련이 필요하다. 쯔위 사태, 그저 양안 정치 대립의 희생양으로 치부해 버리기엔 문제가 단순해 보이지는 않는다.

태양의 후예, 중국에 의한, 중국을 위한 사전제작?

◆

    KBS 드라마 〈태양의 후예〉의 인기는 몇 해전 〈별에서 온 그대〉가 세운 기록을 일찌감치 넘어선 듯하다. 시청률이 27%까지 치솟으며 수목극 1위는 물론이고 시청률 35%도 거뜬히 넘어섰다. 드라마 〈태양의 후예〉는 방영 1년전 이미 제작에 착수했고, 드라마가 방영될때는 이미 모든 촬영을 끝마친 상태였다. 그동안 드라마의 완성도, 쪽 대본, 열악한 촬영 환경 등의 문제로 사전 제작에 대한 필요성이 꾸준히 제기되었다. 〈태양의 후예〉는 국내 드라마 중 100% 사전 제작 작품의 첫 성공사례로 평가되며 더 큰 의미를 가지게 되었다. 하지만 우리는 그 사전제작이라는 시스템이 아이러니하게도 중국 정책의 변화로 실행되었다는 점에 주목해야 한다.

    중국 정부는 2012년 이미 발표한 바 있는 '해외 영화드라마 수입 및 방영관리 강화에 관한 통지'에서 새로운 규제 정책을 추가하여 한류 콘텐츠 수출에 제동을 걸었다. 2014년부터 해외 저작물 수입 규제 정책을 강화하여 1. 2014년 새롭게 심의를 통과한 해외저작물을 중국 국산 영상물의

30%로 수량을 제한하고 2. 동영상 사이트에서 방영되는 영상물의 내용을 건전, 제작 정교, 선양할 만큼 바르고 아름다운 내용의 저작물이어야 한다고 명시하였다. 또 가장 핵심인 3. 해외저작물은 사전 심의와 검열을 통해 한 시즌이 모두 끝난(종영) 저작물을 자막과 함께 당국 심사에 제출하고 심사 통과 후 허가증을 발급받아 방송하도록 한다는 규정을 명시하였다.

이는 최소 3~6개월 이상이 소요되는 심사를 위해 방영 전에 작품을 완성하고 자막을 입혀 중국 당국의 심사를 받아야 한다는 것을 의미한다. 우리 콘텐츠 최대 수출 시장인 중국의 정부 심의 통과를 위해 사전제작 및 검열은 불가피하게 되었다. 그동안 중국 동영상 사이트를 통해 짧은 시간차로 중국 송출이 가능했던 한국 방송계에는 위기감을 안겨주었다. 하지만 위기감이 사실상 국내 방송 제작 시스템의 선진화에는 긍정적인 변화를 가져왔다. 그럼에도 그 변화가 중국에 의한 것이라는 점에서는 큰 아쉬움을 남긴다.

〈태양의 후예〉는 중국의 한 기업이 회당 25만달러에 중국 방영권을 사들였다. 그 조건으로 한중 동시 방영을 내걸었다. 〈태양의 후예〉의 총제작비가 130억 원인데 중국 수출 계약 한 건으로 이미 제작비의 1/3이상을 충당한 셈이다. 중국 심의 통과는 물론이고 중국 자본의 영향도 크게 받았다는 이야기이다. 이에 중국 언론에서는 〈태양의 후예〉의 완성도와 성공을 중국 정책과 자본의 승리라고 자평하였다. (참조:《太阳的后裔》先拍后播 大热 韩媒:中国资本给力-环球网)

〈태양의 후예〉는 높은 완성도와 재미로 중국에서 인기몰이를 시작하여 별그대의 열풍을 넘어섰다. 하지만 중국 언론에서는 〈태양의 후예〉의 성공과 완성도를 중국의 힘으로 포장하는 등 제작보다는 유통에 초점이 맞추어졌다. 국내 드라마의 스토리, 기술, 콘텐츠성에 대한 칭찬은 사라졌고 자본과 정책의 승리로 만들어버렸다. 물론 중국 정책이 한국 제작 시스템에 긍정적인 변화를 주도한 것은 맞다. 하지만 콘텐츠 자체에 대한 창의성보다는 자본의 힘에 결정되는 한국 콘텐츠 시장의 문제가 앞으로는 더욱 심화될 것이라 우려된다.

〈태양의 후예〉의 성공으로 국내 사전제작 시스템이 어느 정도 자리를 잡을 것으로 예상된다. 이는 중국 측에도 좋은 선례로 남아 중국 수출 가속화에 청신호가 될 것이다. 다만 중국 정부의 심의 규정과 중국자본으로 인해 콘텐츠 창작력은 물론이고 우리 고유의 색깔을 잃게 되는 것은 아닌지 우려의 목소리가 나오고 있다. 무엇보다 중요한 것은 우리 콘텐츠만의 독창성과 정체성을 유지하는데 있다. 〈태양의 후예〉 성공과 더불어 중국이 기다렸다는 듯이 중국의 파워를 선전하는 것처럼 자칫 잘못하면 우리콘텐츠 시장이 크게 흔들릴 수 있다. 자본에 휘둘려 우리 콘텐츠 시장이 걷잡을 수 없이 변질되기 전에 이에 대한 정부 차원의 대책 마련이 시급하다.

〈엽기적인 그녀2〉의 실패, 한중공동제작의 책임의식

◆

〈엽기적인 그녀〉는 중국에서 큰 인기를 끌었다. 2001년 개봉 당시 중국은 영화관 시스템도 정착되어 있지 않고, 불법 DVD가 판을 치던 시기였다. 그럼에도 불법 DVD로 1억명 이상이 〈엽기적인 그녀〉를 봤다고 하니 그야말로 음지에서 시작 된 대박이라 할 수 있다. 〈엽기적인 그녀〉는 불법이라는 굴레로 비록 한국 흥행 수입에 영향을 주진 못했지만 한류를 음지에서 양지로 끌어 올리는데 결정적인 역할을 하였다.

그만큼 〈엽기적인 그녀〉는 한중 양국 모두에 큰 의미있는 콘텐츠이다. 그동안 수없이 제기되었던 후속편에 대한 논의가 10여년동안 논의에 그쳤다는 것은 전작의 소중한 추억에 대한 대중들의 예우였을지도 모르겠다. 하지만 〈엽기적인 그녀〉가 개봉한지 10여년이나 지난 후에야 제작된 〈엽기적인 그녀 2〉는 이러한 전작의 추억을 망가뜨리는 희대의 졸작으로 대중들의 뜨거운 비난을 받았다.

중국 시장을 겨냥해서 만들었다는 한국 대중들의 비난은 왠지 당연해 보인다. 그렇다면 과연 중국 대중들은 〈엽기적인 그녀2〉를 그저 즐겁게만 관람했을까? 한국보다 중국에서 먼저 개봉한 〈엽기적인 그녀2〉는 개봉 첫 주 2406만 위안을 벌어들이는 데 그쳤다. 개봉 5일 후 부터는 일일 박스오 피스 10위권으로 밀려나고 평점도 5점대를 받으면서 10위권에 마지막으로 이름을 올린 당일 일일 박스오피스 작품 중 평점 최저치를 기록했다. 개봉 10일차 누적매출도 3388만 위안에 그쳤다. 탕웨이의 〈시절인연2〉가 개봉 첫 날 로맨스 영화 최초로 오프닝 수입 1억 위안을 기록한 데 이어 이틀 만에 수입 3억 위안을 돌파한 것과는 대조적인 모습이었다.

박스오피스 수입은 중국 관중들의 반응을 살펴볼 수 있는 지표이다. 뿐 만 아니라 중국 SNS 웨이보와 영화 평점 사이트 등에서도 〈엽기적인 그녀 2〉에 대한 혹평이 쏟아졌다. 원작을 망쳐놨다는 반응부터 유치하고 개연성 이 없다는 의견, 영화관에서 돈 주고 보기 아깝다는 평까지 혹평이 대부분 이었다. 중국 반응까지 이러하다면 중국을 겨냥해서 만들었다는 〈엽기적인 그녀2〉의 제작은 완전한 실패라고 평가해도 무방해 보인다. 한국, 중국 관 객 모두에게 혹평을 받은 후속작은 오히려 전작의 후광은커녕 간직하고 싶 은 추억까지 망가뜨린 모양새이다.

이러한 문제점들 때문에 이미 다양한 영화 제작사들이 한중 양국 모두 를 만족 시킬 수 있는 한중 합작 영화를 만들기 위해 노력하고 있다. 중국 진출용 리메이크작 〈나는 증인이다〉, 〈수상한 그녀〉, 〈이별 계약〉 등의 성 공은 한중 합작의 좋은 선례를 보여주며 선전하였다. 하지만 그 후속으로 선보인 〈엽기적인 그녀2〉는 오히려 이러한 좋은 선례들까지 빛을 바라게 해 안타까움을 자아내었다. 중국 자본의 영향력은 이제 무시할 수 없는 수준 이다. 하지만 중국을 그저 수익을 올리기 위한 거대 시장으로만 접근하는 것은 우리 콘텐츠 업계의 생존까지 위협할 수 있다. 한국의 콘텐츠가 아무리 중국 시장에 인기가 있다고 해도 단순하고 개연성 없는 작품은 어느 누구의 환영도 받을 수 없다. 중국의 자본에 휘둘리는 것이 아닌, 한중 양국의 문화적 인식의 차이를 인지하며 조금 더 발전적인 콘텐츠를 생산해내는 데 집중해야 할 때이다. 중국 시장만을 겨냥하겠다는 안일한 생각은 우리 콘텐츠가 가지고 있는 경쟁력마저 위협할 수 있다. 따라서 〈엽기적인 그녀 2〉의 실패를 통해 한중 합작의 제작 방식에 경종을 울리고 새로운 도약의 기회를 마련해야 할 것이다.

중국의 한류 콘텐츠 제재,
한국 콘텐츠 시장의 미래는?

한중 관계에 빨간불이 켜졌다. 그 피해는 고스란히 한국 문화콘텐츠 시장으로 번지고 있다. 한국의 사드 배치에 대한 중국의 교묘한 한류 제재가 시작된 것이다. 최근 몇 년 사이 한중 문화콘텐츠 시장은 큰 변화를 맞았다. 신한류라는 이름으로 시작된 제 3의 한류 열풍은 중국을 크게 뒤흔들었다. 〈별에서 온 그대〉에 이어 〈태양의 후예〉까지 중국에서 발생한 한류의 신드롬적 인기가 한국 문화계를 흥분에 빠뜨렸다. 뿐만 아니라 한국 예능이 중국 현지에서 크게 인기를 끌면서, 중국에서는 한국의 예능 포맷 사들이기 경쟁까지 벌어져 한국 방송계는 때 아닌 호황을 누렸다.

방송계는 물론이고 영화계, 공연계까지 문화 전반에 걸친 중국의 "한류 모셔가기" 경쟁은 한국 콘텐츠 시장에 새바람을 일으켰다. 물론 장점만 있었던 것은 아니다. 한중 합작품, 한류 스타 및 포맷 모셔가기 경쟁이 격화되면서 중국의 자본이 물밀 듯이 들어왔다. 콘텐츠 본연의 가치가 중국의 자본에 의해 매겨지면서, 한국 콘텐츠의 본질이 흐려지는 현상이 발생했다.

그 일례로 영화 〈엽기적인 그녀 2〉의 제작은 많은 콘텐츠 제작자들에게 각성제가 되었다.

이처럼 최근 몇 년 사이 한국 콘텐츠의 중국 의존도가 높아지면서 한국 문화계 안팎으로 자성의 목소리가 커졌다. 그 와중에 발생한 중국의 직접적인 한류 제재는 한국 콘텐츠 시장에 적지 않은 파장을 몰고왔다. 정식 문건이 발효된 것은 아니지만 중국의 교묘한 한류 때리기에 한국 콘텐츠 시장이 휘청거렸다. 우리 콘텐츠 시장의 중국 의존도가 높아진만큼 막대한 손실도 불가피했다. 인력 유출, 한류 스타 몸값 경쟁 등 국내 콘텐츠 업계의 일련의 고민은 중국 정부의 제재 조치에 무의미한 논쟁이 되고 말았다. 그만큼 중국 정부의 일방적인 제재 조치에 맥없이 휘청거린 것은 결국 우리 콘텐츠 시장이다.

물론 중국 측 피해도 적지 않았다. 한류 콘텐츠의 인기로 한국 엔터테인먼트에 대규모 투자를 했던 중국 대기업들이 주가 폭락으로 막대한 피해를 입었다. 정치적, 경제적, 심리적으로 양국에 미치는 타격이 꽤나 심각했다는 것을 의미한다. 그럼에도 양국의 자존심 싸움처럼 격화된 감정이 악화일로로 치달아 많은 경제적 손실을 야기했다.

그렇다면 한류의 인기는 영원할 수 있을까? 중국은 한류 콘텐츠를 통해 이미 자신들만의 경쟁력을 구축하고 있다. 중국만의 문화콘텐츠를 확보하고 동아시아, 더 나아가 세계를 장악할 수 있는 콘텐츠를 생산하기 위해 노력하고 있다. 이는 머지않아 수명을 다할 한류의 인기를 증명하는 것 같다. 그만큼 중국 내 한류의 인기는 제한적이고, 이는 우리만의 콘텐츠 경쟁력을 강화해야 한다는 것을 의미한다. 지금까지처럼 콘텐츠를 중국에 팔기만 하면 된다는 안일한 생각은 한류 제재를 넘어 혐한 감정을 더욱 부추길 수

밖에 없다. 중국 수출에 의존한 문화콘텐츠 사업만을 계획한다며 결국은 20년전 대만처럼 중국의 콘텐츠 제작 공장으로 전락할 수밖에 없을 것이다.

　사드 문제로 발생했던 일련의 사건들은 어쩌면 앞으로 벌어질 더 큰 문제의 작은 시작이었을지 모른다. 물론 이번 조치는 극단으로 치닫는 논쟁처럼 양국 관계를 파탄으로 몰아가지는 않았다. 하지만 시진핑 시대의 출범과 계속해서 변화할 한중 관계 속에서 우리 콘텐츠 시장은 새로운 대안을 모색해야 한다. 특히 중국 제재의 타격을 반면교사 삼아 앞으로의 콘텐츠 산업을 제정비할 필요가 있다. 콘텐츠 경쟁력을 키우고 싶은가? 그렇다면 중국의 자본만을 바라볼 것이 아니라, 좀 더 참신한 문화원형을 개발하는데 집중해야 할 것이다. 한국 콘텐츠만의 고유한 색깔을 살리는 것이 오히려 장기적으로는 킬러 콘텐츠 생산의 밑바탕이 될 수 있다. 따라서 정부에서 주장하는 킬러 콘텐츠 개발의 첫 단계는 오히려 자본과 기술과 마케팅보다 문화원형이라는 가장 기본에 충실해야 할 일이다.

아이돌 콘서트가
한국 관광산업에 미치는 영향

가수 빅뱅은 한류의 중심에서 전세계에 영향력을 행사하고 있다. 지난 1월 10주년 콘서트를 통해 그 저력을 입증하며 명실상부 한류 문화의 아이콘으로 자리 잡았다. 10주년 콘서트 단 하루 동안 약 6만 5천여명의 관객을 불러 모았는데, 그 중 일부는 중국과 일본 등 아시아 전 지역의 해외 팬들이었다. 이번 빅뱅 콘서트를 기획한 YG엔터테인먼트에서는 이례적으로 중국 온라인·모바일을 통해 중국 현지 팬들을 위한 티켓 판매에 나섰다. 단 9분만에 전량 매진을 기록하는 기염을 토하며 빅뱅의 한류 인기를 다시 한 번 입증하였다.

중국인들의 한국 관광이 크게 늘어나면서 우리 관광 업계는 중국 의존도가 매우 높은 실정이다. 그도 그럴 것이 전체 외국인 관광객의 47%가 중국 관광객이기 때문에 중국 관광객 의존도는 세계에서 가장 높다고 볼 수 있다. 하지만 한국을 방문하는 중국 관광객의 대부분은 쇼핑을 하러 온다거나, 한번 이상은 한국에 올 이유가 없다며 한국 관광 만족도에 낮은 점수를 주었다. 이러한 상황 속에서도 콘서트 관광을 위해 한국에 입국한 중국인들의 행보는 많은 의미를 갖는다.

얼마 전부터 교묘히 시작된 사드 배치에 대한 후폭풍이 우리 콘텐츠 시장을 위협하였다. 때문에 중국의 강경한 태도가 우리 시장 전반에 영향을 미칠 것이라는 관측이 지배적이었다. 그럼에도 불구하고 제대로 만들어진 하나의 문화 아이콘은 이러한 우려를 불식시키며 콘텐츠의 저력을 입증하였다. 빅뱅 열기는 정치와는 무관하다는 것을 증명하듯 많은 중국팬들이 한국을 방문하였다. 오직 가수 빅뱅을 보기 위해서이다.

빅뱅이라는 문화 아이콘을 중심으로 한국 관광도 이어졌다. 숙박, 외식산업은 물론 빅뱅 관련 제품들까지 날개 돋친 듯 팔려나갔다. 티켓 매출 약 71억 원에다 빅뱅 관련 굿즈 판매 수익까지 합하면 단 하루 동안 100억 원 상당의 수입을 올린 것으로 예상된다. 이는 문화 아이콘이 보여준 사회·경제적 영향력이 상당하다는 것을 입증한다. 한국을 방문하지 못한 중국팬들을 위한 콘서트 생중계에도 150만명이 넘는 접속자수를 기록하는 등 다양한 기록도 쏟아지고 있다. 중국의 경제력과 더불어 문화 수준까지 크게 성장하면서 한류를 위한 소비는 더욱 가속화될 전망이다. 때문에 이에 대한 기대감은 더욱 높아질 수밖에 없다.

그럼에도 많은 전문가들은 이러한 한류 인기가 그리 오래 지속되지는 않을 것으로 전망한다. 또 정치적 사안에 휘청거리는 한국 콘텐츠 시장의 현실을 바라보며 우려의 목소리도 적지 않다. 하지만 빅뱅뿐만 아니라 영화, 드라마, 예능 프로그램 등에서도 다양한 한류 콘텐츠들이 계속해서 쏟아져 나오고 있는만큼 향후 몇 년간은 한류의 인기가 글로벌 시장에서 영향력을 행사할 것으로 보인다. 지속 가능한 한류 문화와 이를 통한 한국 콘텐츠의 경쟁력을 위해 생명력 있는 콘텐츠로 다양한 변수에 대한 대비가 필요하다. 중국 역시 자국 콘텐츠 개발 움직임에 속도를 내고 있고, 이미 많은 부분에서 한국의 시스템을 넘어섰다는 평가를 받고 있다. 따라서 단순히 한류라는 문화 아이콘을 만들어내는 것에만 급급한 것이 아니라, 하나의 아이콘을 통한 전방위적 문화 시스템을 구축할 수 있도록 문화적 지원이 필요한 때이다.

웹 드라마 시장의
성장과 한중 합작

◆

웹드라마 시장이 성장하고 있다. 모바일, 웹 플랫폼의 성장으로 웹툰, 웹 소설에 이어 웹 드라마까지 다양한 영역의 콘텐츠가 인기를 끌고 있다. 대중문화의 발달과 함께 드라마 시장은 늘 호황을 누렸다. 하지만 대중들이 TV 앞에서 드라마를 보는 시간이 점점 줄어들면서 콘텐츠 제작자들에게 웹 드라마는 새로운 돌파구가 되고 있다. 특히 업계에서는 디지털 플랫폼을 이용한 동영상 콘텐츠의 중요성을 인식하게 됐고, 그 중에서도 차별화된 프리미엄급 콘텐츠인 웹 드라마에 시선을 돌리고 있다. 대중들의 높은 선호도를 바탕으로 시장이 확대되면서 새로운 성장 동력이 되고 있는 것이다. 방송사에서도 모바일 콘텐츠를 방송 부가적으로 제작했던 방식에서 벗어나, 모바일 콘텐츠를 우선으로 하거나 아예 모바일용으로만 콘텐츠를 제작하는 추세로 넘어가고 있다.

웹드라마는 그야말로 모바일이나 인터넷 플랫폼을 통해서 보는 드라마이다. 보통 5~10분 내외의 짧은 에피소드로 구성된 동영상 시리즈물이며 스마트폰을 비롯한 모바일 기기에서 주로 보는 디지털 맞춤형 콘텐츠라 할 수 있다. 장르도 다양하다. 국내에서는 청소년과 20대 이용자들을 위한 로맨틱 코미디 장르가 대세이지만, 해외 시장에서는 이미 액션은 물론 스릴러·호러까지 다양한 장르들이 시도되고 있다. 국내에서는 지상파 방송 3사까지 웹 드라마 시장에 뛰어들면서 몸집을 키우고 있고, 할리우드 그리고 중국과 합작 형태도 늘어나고 있다. 이러한 성장세라면 웹툰의 인기를 능가할 수도 있다는 전망이다.

kbs에서 첫 선을 보인 〈마음의 소리〉는 인기 웹툰 조석의 〈마음의 소리〉를 웹 드라마화한 작품이다. 병맛 웹툰의 대표격으로 불리우는 인기 웹툰을 웹 드라마화 시키는데 반대의 의견도 적지 않았다. 하지만 웹 드라마 수요와 인기를 증명이라도 하듯 KBS2 웹 드라마 〈마음의 소리〉는 공개 첫날 3백만 조회수를 돌파했다. 특히 한층 업그레이드 된 원작의 B급 정서와 병맛 코드가 웃음을 유발하며 네티즌들의 찬사를 받았다.

뿐만 아니라, 한중합작용 웹 드라마의 수요도 점점 늘어나고 있다. 중국도 모바일 이용자 수가 9.8억명을 돌파하면서 질 좋은 웹 콘텐츠에 대한 수요가 늘고 있다. 중국에서도 2009년에 두 작품 밖에 없었던 웹 드라마가 2016년 100편까지 늘어났는데, 한중합작 웹 드라마도 인기의 상당 부분을 차지하고 있다. 이에 따라 한류 스타들의 중국 웹 드라마 출연 빈도도 높아지고 있다. 이동건, 정일우 등 스타급 연예인들뿐만 아니라 아이돌 그룹의 연기 데뷔의 장으로도 활용되고 있다.

하지만 문제점이 없는 것은 아니다. 웹 드라마의 시장이 성장하고 있는 만큼 웹 드라마 콘텐츠의 질도 고려되어야 할 상황이다. 일각에서는 웹 드라마 시장을 손쉬운 중국 진출의 장으로 여기면서 연기력 부족 등의 논란으로 한국 웹 드라마 전체 평판을 나쁘게 하고 있다. 아직은 대중적 접근성이 낮다고 해서 검증되지 않은 콘텐츠로 중국 진출을 노리는 일부 콘텐츠 제작자들의 각성이 요구된다. 준비되지 않은 중국 진출은 한국 콘텐츠의 중국 시장 진출에 오히려 장애 요소가 될 수 있다.

이제 첫 선을 보이는 웹 드라마 시장인 만큼 좀 더 체계적인 준비가 필요하다. 특히 한중합작 웹 드라마도 활발히 제작 중에 있으므로 내용과 장르 등 양국의 정서에 맞는 질 좋은 콘텐츠의 제작이 우선되어야 할 것이다. 이제 웹 드라마 전문 사이트가 탄생하고 멤버십 활성화 조짐도 보이고 있는 만큼 웹 드라마 시장 성장에 대한 철저한 대비가 필요한 시점이다.

콘텐츠 시장의 변화,
한국PD의 중국진출과 사드 직격타

◆

상당수의 한국 PD들이 거액의 개런티를 받고 중국으로 진출하였다. 한국의 스타 PD 중 한명인 김영희 PD는 중국 내수용 예능을 완성하며 중국 시장 공략을 시작했다. 그의 중국 진출은 소위 김영희 사단이라는 대명사가 만들어질 정도로 한국PD들에게 영향을 주었다. 많은 PD들(MBC 신정수·강궁·문경태, SBS 남규홍, SM C&C 임정규 PD)이 그를 따라 중국으로 향하였다. 김영희 사단 뿐만 아니라 한국 PD의 중국 진출은 대세로 여겨지며 많은 PD들이 중국행을 결정하였다.

2016년 상반기 〈별에서 온 그대〉 장태유 감독은 중국에서 영화를 찍고, 〈검사 프린세스〉로 유명한 진혁PD도 한류스타인 박해진 주연의 〈남인방-친구〉라는 드라마를 선보여 성공적인 중국 신고식을 치렀다. 많은 PD들이 중국에 진출하여 가시적인 성과를 보이며 중국 시장에서 선전하였다. 그 중에서 김영희PD의 중국 예능 〈폭풍효자〉는 2016년 1월, 방송 초반부터 시청률 1% 중반대를 훌쩍 넘기며 열풍을 예고하는 듯 했다. 〈폭풍효자〉

는 "효"라는 기본 테마를 바탕으로 6명의 연예인들이 자신의 부모 중 한명을 모시고 5박 6일 동안 과거 추억이 묻어 있는 고향집으로 돌아가 가족애를 다시 찾는 프로그램이다. 리얼리티 프로그램 형식으로 〈아빠! 어디가?〉의 부모님 버전으로 볼 수 있다.

김영희 PD는 한국에서 예능의 공익성, 사회적 의미에 초점을 맞추어 프로그램을 제작했다. "중국에서도 특기를 살려 현대화된 중국의 잊혀진 가치를 되찾자는 취지로 프로그램을 제작하였다. 덕분인지 첫 회 시청률 뿐만 아니라 마지막 시청률도 1.19%라는 높은 시청률을 기록하며 성공적인 신고식을 치렀다. 하지만 사드 배치와 한일군사정보보호협정 등 잇따른 정치적 이슈가 김영희 PD는 물론 많은 중국 진출 한국 PD들에게 직격타를 안겨주었다.

때문인지 장태유 감독의 중국 영화는 이렇다할 흥행 성과를 거두지 못했고, 급기야는 인터넷에 작품의 감독이 한양韓洋이라는 정체불명의 이름으로 표기되는 굴욕을 맛보았다. 또 많은 한국 PD들이 논의 중이던 작품이 무산되거나 중단되었고, 중국 스타 캐스팅은 더욱 어렵게 되었다. 중국 측에서는 제작은 하되 자신의 이름을 뺀 디렉팅을 요구하는 등 한국 PD들의 설자리는 상당부분 사라졌다는게 현지측 설명이다.

중국 진출 초반만해도 김영희 PD를 비롯한 많은 한국 PD들의 행보가 한국 인력 및 방송 노하우 유출 등의 문제를 일으킨다는 우려가 상당했다. 특히 중국 입장에서도 한국 포맷을 사들이는데 한계가 있어 한국 PD들의 도움이 필요한 상황이었으며, 중국 자본의 영향력도 무시할 수 없는 상태였다. 하지만 이러한 고민들은 정치 이슈에 모두 무의미한 논쟁이 되어버렸고, 국제 정치적 이해관계 속에서 애꿎은 피해를 보는 사람들이 늘어났다.

하지만 중국 측의 일방적인 "쇄국정책"으로 우리 콘텐츠 업계는 위기의식과 함께 커다란 교훈을 얻게 된 것이 사실이다. 지난 몇 년간 중국의 자본에 휘둘리는 한국 방송 제작의 현실이 도마 위에 올랐다. 중국의 투자를 받은 한국 방송들이 내용이나 주제면에서 한국만의 고유한 색깔을 잃고있는 문제가 날로 심각해지고 있었다. 하지만 자의반 타의반 중국의 일방적 제재를 받게 되면서 오히려 우리 콘텐츠 스스로의 경쟁력을 높이자는 자성의 목소리가 높아졌다. 차츰 정치적 갈등이 회복되면서 한중 관계의 새로운 출발이 예상되지만, 중국의 안하무인적 태도에 쓴맛을 본 한국의 새로운 대처가 오히려 기대되는 바이다.

사드 후폭풍,
우리 문화콘텐츠시장의 대응은?

◆

200억 대작으로 제작 전부터 큰 화제를 모은 〈사임당-빛의 일기〉가 고전을 면치 못하다가 결국은 낮은 시청률로 종영하였다. SBS의 야심작이었던 이 드라마는 13년만의 이영애 안방 복귀작으로 방영 전부터 기대감을 높였다. 그도 그럴 것이 〈대장금〉으로 1세대 한류를 이끈 이영애가 다시 퓨전 사극으로 복귀한다는 것은 국내는 물론 아시아 전역에까지 큰 화제를 모았다. 뿐만 아니라 사전제작 드라마 〈태양의 후예〉의 성공으로 중국 동시 방영의 활로를 찾으면서 〈사임당-빛의 일기〉는 제2의 태후 열풍을 불러 일으키는 듯했다. 하지만 중국의 한류 제한령에 발목이 잡힌 드라마는 제작시기를 훌쩍 넘긴 2년만에 전파를 타게 되었고, 그 흥행 성과는 기대에 크게 못 미치고 말았다.

드라마의 좋지 않은 성적에 대해 여러 가지 요인들이 거론되었지만, 그중에서 가장 중요한 요인 중 하나는 바로 방영 시기를 놓쳤다는 점이다. 제작사는 중국의 동시 방영 승인만을 기다리다보니, 이야기의 신선함은 떨어졌고 시청자들의 호기심도 사라져버렸다. 이를 수습해줄 탄탄한 스토리의 부재도 이영애 이름 하나만으로는 역부족인 모양새였다. 중국 수출의 기대감이 국내시장에서는 오히려 악재로 돌아온 것이다.

사드 배치에 대한 중국의 보복이 가시화되면서 한한령이라는 중국의 비공식적 행보가 수면위로 드러났다. 중국 진출 한국 연예인들의 중국 활동이 제한되거나, 한국 드라마의 중국 방영을 교묘하게 막았다. 중국 정부는 이에 대해 민간 차원에서 이루어지는 상황이라며 한발 빼는 모습을 보였다. 하지만 사드 보복이 본격화되면서 중국 정부는 한국에 대한 압박 수위와 강도를 높여 문화, 비자, 관광은 물론 산업계에까지 실질적인 불이익을 가했다. 비공식이라는 단어에 숨어 교묘하고 치밀하게 한국을 압박하였다.

특히 중국 의존도가 높은 우리 문화콘텐츠 시장은 사드 후폭풍이 상당 기간 영향을 미쳤다. 문화콘텐츠가 국내 관광, 산업 전반에 영향을 미치면서 엔터테인먼트 산업과 관광 산업이 가장 큰 타격을 입었고, 이에 수반된 유통업계까지 도미노 피해를 입었다. 일각에서는 중국의 한국 문화콘텐츠에 대한 대응이 반드시 사드배치의 역풍이라고만 해석할 수 없다는 입장도 내놓았다. 그동안의 한국 문화콘텐츠의 발전에 대한 견제에 도화선이 된 것이라는 분석이다. 하지만 그들의 경계와는 별개로 국내 콘텐츠 제작자들도 중국 의존도를 지나칠 정도로 높였던 것이 사실이다. 중국 수출만이 살길인 것처럼 국내 제작 시스템까지 중국에 맞췄던 지난해를 살펴보면 자성이 필요한 것은 사실이다.

사드 보복을 통해 우리가 깨달은 것은 우리 콘텐츠 시장은 그럼에도 계속해서 돌아간다는 사실이다. 만약 그 후폭풍에 흔들려 우리의 정체성을 찾지 못한채 휘청였다면, 앞으로의 성장 동력에도 커다란 장애가 되었을 것이다. 물론 국내의 불안한 정세와 더불어, 이러한 외교적 문제점에 대한 정부의 뾰족한 대응책이 없었다는 것이 큰 문제였다. 하지만 그동안 중국 의존형 한국 문화콘텐츠의 발전에 문제점을 계속해서 지적했던만큼, 이번 사드 후폭풍은 오히려 변화의 신호탄이 되었을 것이라 생각한다. 더불어 흥미로운 점은 한한령에도 불구하고 중국인들의 한류 콘텐츠에 대한 관심은 줄어들지 않았다는 점이다. 따라서 현재와 같은 상황이 또 일어나지 않으리라는 보장이 없는만큼 민간차원의 교류와 함께 정부의 단계별 정책 대응 방향을 준비해야 할 것이다. 또한 다양한 형태의 한국 콘텐츠 수출 활로를 개발하여 중·장기적인 수출 시장 확보와 중국 시장 편중에 대한 리스크를 분산시키는 것이 중요하다.